동물 인문학

동물 인문학

동물은 인간과 세상을 어떻게 바꾸었는가?

이강원 지음

인물과
사상사

조선시대에는 직업적으로 소설을 맛깔나게 읽어주는 전기수傳奇叟가 있었다. 전기수가 마을에 나타나면 사람들이 구름처럼 모여들었다. 별다른 소일거리가 없던 시절 무료함을 달래기에는 전기수만 한 존재가 없었기 때문이다.

나는 '현대판 동물 전기수'가 되고 싶었다. 일단 손에 책을 쥐고 첫 장을 열면 하룻밤을 새우며 다 읽도록 하는 것이 나의 소박한 목표였다. 영화나 드라마보다 재미있는 글을 쓰는 것이 힘들지만, 내가 글을 썼던 진정한 목적이라고 할 수 있다.

그런데 동물의 삶이나 특정만을 열거하다 보면 전기수가

되기는 어렵다. 자칫 무미건조하게 느껴질 수 있기 때문이다. 동물과 인류의 삶이 어떻게 연결되었고, 어떻게 상호 작용했는지 살펴보는 것도 재미를 배가하는 길이기도 하다. 그런데 동물의 생활이나 흘러간 옛이야기만으로는 뭔가 부족하다. 양서가 되기 위해서는 동물이 인류의 삶과 환경에 어떤 영향을 주었는지 살펴보는 것도 유의미하다.

평소 내가 좋아하고 사랑하는 존재는 동물이다. 너무나 소중한 그들의 삶과 미래에 대한 관심을 세상에 촉구하고 싶은 욕심이 생겨 글을 쓰기 시작했다. 이 책은 나의 사랑인 동물과 인간에 대한 이야기다.

사향소는 북극늑대가 나타나도 새끼를 지키기 위해 무섭지만 도망가지 않고 스크럼을 짠다. 사향소의 얼굴에는 북극늑대의 이빨 자국이 깊게 생기고, 사방은 사향소의 핏방울로 붉게 물들지만 그들은 결코 물러서지 않는다. 어른이라면 희생과 용기라는 덕목이 있어야 한다는 것을 우리에게 알려준다.

수사자는 멋진 갈기를 휘날리며 흰개미집 위에 올라 산천초목을 벌벌 떨게 하는 포효를 한다. 하지만 외화내빈外華內貧의 전형이다. 천신만고 끝에 무리pride의 왕이 되었지만, 언제 쫓겨날지 모르는 시한부 권력자다. 실속은 미토콘드리아를 후대에 남기는 암사자의 몫이다.

고양잇과 동물은 앞발과 꼬리를 완벽하게 사용한다. 서벌, 카라칼, 고양이는 앞발로 새 사냥을 하는 전문가다. 치타와 눈표범은 꼬리의 힘으로 격렬한 사냥터에서도 '흔들리지 않는 편안함'을 느낀다. 그 결과 가젤이나 산양 같은 생존에 꼭 필요한 먹잇감을 확보할 수 있게 되었다.

로마 공화정 말기, 카이사르와 폼페이우스와 함께 삼두정치의 한 축이었던 크라수스는 4만 대군을 이끌고 동방의 파르티아 원정에 나선다. 풍전등화의 위기에 빠진 파르티아를 구한 것은 다름 아닌 낙타였다. 낙타는 전략 무기인 화살을 등에 잔뜩 지고 전쟁이 벌어진 사막으로 옮겼다. 파르티아에는 낙타가 구국의 영웅인 셈이다.

영화 〈아바타〉는 인간과 동물과 환경이 서로 분리된 존재가 아님을 알려준다. 이 영화가 명작인 것은 재미와 함께 감동을 전하기 때문이다. 이 책도 〈아바타〉와 같은 존재가 되었으면 한다. 글을 읽는 작은 재미와 함께 인간과 동물은 영원히 지구에서 같이 살아야 할 운명공동체라는 사실이 전해졌으면 좋겠다.

이 책에 실린 글 대부분은 『신동아』에 연재한 글을 정리하고 다듬은 것이다. 지난 2년 여 동안 『신동아』에 연재하도록 각별한 배려를 해준 박세준 기자님과 송홍근 부장님에게 깊은 감사의 인사를 드린다.

이 책을 집필할 수 있었던 것은 북미의 수천 킬로미터 고속도로를 운전할 수 있었기에 가능했다. 눈으로 보고, 귀로 들어야 직성이 풀리는 까다로운 성격 때문이다. 남편과 교대로 운전대를 잡아준 아내의 헌신이 없었다면, 이 책은 세상의 빛을 보기 어려웠다. 그녀에게 존경과 감사를 전한다.

미국 미주리주 컬럼비아에서 북미 야생동물에 대한 다양한 정보를 알려준 김용재 교수님 내외, 대니얼 머피Daniel Murphy 선생님, 가을이 되면 사냥총을 드는 친구 데얀Dejan에게도 감사의 인사를 드린다. 그분들의 아이디어는 내 글쓰기에 소중한 씨앗이 되었다는 점을 말씀드린다. 그 외에 일일이 말씀드리기 어려운 모든 분에게 존경의 마음을 담아 이 책을 바친다.

2021년 5월

원적산이 보이는 서재에서

이강원

차례

제1부 —— 동물의 왕국

소는 모든 것을 아낌없이 준다

사자는 어떻게 역사에 남는가?

호랑이는 생태계 지킴이다

표범은 왜 2인자로 살아가는가?

눈표범은 히말라야의 포식자다

제1부

동물의
왕국

소는
모든 것을 아낌없이 준다

역우와 육우

소는 인류 문명에 크게 공헌했다. 소만큼 인류에게 유용한 재화와 서비스를 제공한 동물은 없다. 시대에 따라 소가 하는 역할도 변했다. 산업화 이전까지 소의 핵심 역할은 노동력 제공이었다. 산업화 이후 역우役牛보다 육우肉牛의 구실이 더욱 강조되어왔다. 질 좋은 단백질을 제공하는 공급자 역할에 중점을 둔 것이다.

　역우는 일하는 소다. 사람의 힘으로는 한계가 있는 논이나 밭을 가는 일을 대신했다. 소를 이용한 농사법은 생산성 증가로 이어졌다. 이는 인류의 삶을 윤택하게 하고 지속 가능하게 했다. 소의 구실은 대표적 농기계인 트랙터가 하는 일과 비슷했다. 소를 이용해 농사짓는 것을 우경牛耕이라고 한다.

농업경제학자들은 우경의 시작과 보급을 농업 혁신의 변곡점으로 보기도 한다. 한국 고대사에서 이런 일을 한 왕은 신라의 지증왕智證王(재위 500~514년)이다. 그는 지금의 울릉도인 우산국을 신라 영토로 편입한 인물이기도 하다. 지증왕은 나이가 들어 즉위한 늦깎이 왕이다. 지금 나이로도 적지 않은 64세에 왕위에 올랐으나, 나이는 숫자에 불과하다는 진리를 역사에 남겼다. 지증왕 치세는 화려하지는 않으되 당시 신라에서는 가장 필요한 일을 한 시기다.

지증왕이 즉위한 500년, 신라의 국력은 삼국 중 가장 약한 편이었다. 국력이 약한 나라가 무리하게 정복 전쟁에 나서면 자멸할 수 있다. 지증왕은 그런 원리를 잘 알았다. 그래서 나라의 내실을 다지는 작업에 몰두했다.

신라를 포함한 대부분의 고대국가는 농업국가다. 지중해 패권을 장악하고 교역을 통해 부富를 축적한 페니키아 같은 상업국가와 달리 농업국가는 농업 생산량을 증대하는 데 힘써야 한다. 생산이 늘어 잉여 농산물이 생기면 다른 나라와 교역을 통해 필요한 물건으로 바꿀 수 있다.

농업국가가 번영하려면 기본적으로 수리 시설 같은 인프라가 잘 갖춰져야 한다. 또한 그런 농업 인프라를 활용해 농사를 지을 노동력이 풍부해야 한다. 이 두 조건이 결합하면 자연재해가 발생하지 않는 이상 국가의 곳간은 비지 않는다.

지증왕은 이런 점을 누구보다 잘 파악했다. 농업의 하드웨어에 해당하는 수리 시설을 정비했으며, 소프트웨어에 해당하는 노동력 개선 작업을 진행했다. 그가 취한 조치는 크게 두 갈래로 나뉜다. 첫째 노동력 손실을 줄였으며, 둘째 질 좋은 노동력을 현장에 대거 투입했다.

지증왕이 취한 노동력 손실 방지책은 집권 3년 차인 503년에 실시되었다. 지증왕은 대표적인 악습인 순장殉葬을 폐지했다. 순장은 아까운 노동력이 사라지는 어처구니없는 일이었다. 지증왕은 약소국 신라에서 가장 중요한 것은 노동력이라는 점을 간파한 것이다. 평시에 농사짓는 이들이 유사시 적군과 교전에 투입된다. 국가적 차원에서 이렇게 소중한 노동력을 사자死者를 기리고자 순장한다는 것은 끔찍할뿐더러 사치스러운 행위다.

지증왕의 순장 폐지 결정이 노동력 손실을 막는 조치라면 우경 보급은 질 좋은 노동력을 농업 생산 현장에 투입하는 결정이다. 그전까지 농사는 사람의 힘에 의존했다. 사람의 힘은 강하지 않아 논이나 밭을 가는 중노동에는 한계가 있다.

체중 500킬로그램의 소는 사람과 차원이 다른 힘을 가졌다. 소가 쟁기질을 하면 사람이 하는 작업과 비교되지 않을 정도의 많은 일을, 그것도 단시간에 마친다. 이렇게 지증왕은 당시 농업 노동력에 대한 패러다임을 바꿔버렸다. 농업국가인 신라에서 농업 혁신만큼이나 국가의 내실을 다지는 일은 없었을 것이다. 지증왕의 이런 정책 덕분에 신라는 그의 아들인 법흥왕法興王(재위 514~540년)과 손자인 진흥왕眞興王(재위 540~576년) 치세에 국력이 크게 신장한다.

귀하디귀한 쇠고기와 영양 만점 우유

소는 인류에게 단백질을 공급해왔다. 경제가 발전하면 쇠고기 소비부터 늘어나는 경향이 있다. 우리나라도 마찬가지였다. 우리나라는 급속한 경제 발전을 이룬 나라로 축산물 소비도 빠른 추세로 늘었다. 1970년 1인당 쇠고기 소비량은 1.2킬로그램에 불과했지만, 50년이 지난 2019년에는 13.0킬로그램으로 증가했다. 1970년의 1.2킬로그램이라는 수치는 대부

소는 노동력을 제공했을 뿐만 아니라 오랫동안 인류에게 단백질을 공급해왔다. 또한 영양학적으로 우수하고 맛도 좋은 우유도 제공했다.

분 국민이 쇠고기를 구경조차 못했음을 뜻한다. 부유층만 쇠고기를 먹을 수 있었다는 이야기다. 2019년의 13.0킬로그램은 마음껏 즐기지는 못해도 쇠고기를 누구나 먹을 수 있다는 것을 의미한다. 우리나라는 아직도 쇠고기 소비량이 더 늘어날 여지가 충분히 있다. 미국은 2019년 기준 1인당 26.7킬로그램의 쇠고기를 소비했다. 한국인 평균 소비량의 2배가 넘는다.

우리나라에서 쇠고기가 차지하는 위상은 과거와 다르다. 선조들에게 쇠고기는 쉽게 접하는 음식이 아니었다. 소라는 귀한 동물은 농사짓는 데 필수적인 '농기구'여서 함부로 잡아먹기 어려운 존재였다. 쇠고기는 부잣집 도련님이 아닌 이상 잔칫날의 주인공이나, 아이를 낳은 산부産婦만 먹을 수 있는 귀하디귀한 음식이었다. 맛도 좋고 영양가도 풍부해 갈망의 대상이었으나 없어서 못 먹은 것이다.

소는 온몸을 바쳐 고기를 인간에게 제공한다. 고기뿐만 아니다. 영양학적으로 우수하고 맛도 좋은 음식인 우유도 내놓는다. 송아지는 우유만 마셔도 매일 1킬로그램 넘게 살이 찐다. 그것만 보아도 영양학적 가치를 알 수 있다.

우유의 위대함은 무한하게 응용 가능하다는 점에 있다. 서양인에게 우유는 우리 민족의 콩과 같은 존재다. 선조들은 콩을 갈아 두부와 비지를 만들어 즐겼다. 또한 콩을 발효시켜 된장과 간장을 만들었다. 이렇게 만든 장醬은 한식을 만드는 데 가장 기본적인 양념이다.

서양에서는 우유에 들어간 단백질을 응고시키고 발효시켜 다양한 종류의 치즈를 생산한다. 치즈는 서양 요리에서 약방의 감초처럼 사용된다. 우유 속 지방을 이용한 버터도 요리마다 다양하게 사용된다. 동아시아인이 주식으로 쌀로 지은 밥을 먹는다면, 밀가루에 우유·달걀·버터 등을 넣고 만든 빵이 서양인의 주식이다.

나이주와 우피

생존을 위해 동물을 키운 유목민은 우유로 술을 만드는 요술을 부렸다. 싸구려 금속으로 금을 만들겠다는 중세의 연금술사를 연상시킬 정도다. 아무리 노력해도 금을 만들어내지 못한 연금술사와 달리 몽골의 유목민은 우유로 술을 만드는 데 성공했다.

몽골 유목민이 만든 우유술을 나이주奶酒라고 하는데, 알코올 도수가 42도에 달한다. 영국 위스키가 40도라는 점을 고려하면, 이 술이 얼마나 독한지 짐작할 수 있다. 러시아 보드카가 추위를 극복하는 데 도움을 주듯이, 몽골의 나이주도 초원의 추운 밤을 지내는 데 도움을 주는 것 같다.

농경민족은 술의 원료로 쓰이는 쌀이나 고량高粱 같은 곡물을 쉽게 접한다. 하지만 유목민은 곡물을 구하기 쉽지 않다. 유목민에게 곡물은 귀한 존재이므로 술을 담가 먹기에는 아깝다. 그 대신 흔하게 접하는 재료인 우유로 술을 만드는 것이 경제적이고 간편한 일이다. 그래서 동물의 젖을 활용해 술을 빚은 것으로 추정된다.

몽골인의 응용 능력은 우유술을 만드는 것으로 끝나지 않았다. 우유로 술을 만들 수 있다면, 다른 동물의 젖으로도 술을 빚을 수 있을 것 아닌가? 초원의 자동차인 말의 젖을 활용해 만든 술이 몽골어로 아이라그Айраг, 터키어로 크므즈kımız로 불리는 마유주馬乳酒다. 이 술은 발효된 말의 젖을 증류해 빚는다. 나이주만큼 높은 도수가 아닌 아이라그는 술과 유산균 음료의 중간 정도로 보면 된다.

모든 동물은 피부, 그러니까 가죽을 가지고 있다. 소의 가죽은 우피牛皮다. 이 세상 동물의 가죽 중 산업적으로 가장 가치 있는 것이 우피다. 다른 동물의 가죽은 우피만큼 대량 생산되지 않는다는 치명적인 단점을 가지고 있다. 원료가 대량

몽골 유목민들은 우유술인 나이주를 만들었을 뿐만 아니라 말의 젖을 활용해 아이라그, 즉 마유주라고 불리는 술을 만들었다. 몽골의 이동식 집인 게르.

으로 공급되지 못한다는 것은 대중성과 상당한 거리가 있음을 의미한다.

대량 생산되는 제품이나 원료는 품질에 약간의 문제가 있다는 선입견이 있는데, 우피는 그런 선입견마저 무너뜨린다. 우피의 우수함은 내구성에 있다. 특히 소파같이 가죽이 질겨야 하는 제품에는 우피 이외의 다른 가죽을 사용하기 어렵다. 우피는 질길뿐더러 질감도 다른 가죽과 비교해 떨어지지 않기에 구두, 장갑, 지갑, 가방 등의 제품을 생산할 때 사용된다.

양의 가죽인 양피羊皮도 용도가 비슷하나 내구성이 약해 우피만큼 오래가지 못한다는 단점을 가졌다.

소뼈의 위대함에 대하여

소의 뼈는 다른 동물의 뼈와 다르다. 식품으로 사용되는 것은 물론이고 문화·사회적으로도 상당한 의미가 있다. 우리나라에서는 소뼈와 마찬가지로 돼지뼈도 푹 고아 그 국물을 먹는다. 하지만 소뼈만큼 대중의 인기를 끌지는 못한다.

예전부터 소뼈는 보양식의 선두주자였다. 쌀쌀한 날, 뜨거운 곰국에 흰쌀밥을 말아 김치 한 점 얹어 먹는 것은 누구나 누리는 호사가 아니었다. '이밥에 고깃국을 먹는다'는 말이 괜히 나온 것이 아니다.

고급 식재료인 소뼈는 헌신과 봉사의 의미도 가졌다. 우리나라 부모의 유별난 자식 사랑과 연결되기 때문이다. 우리나라의 부모는 자식의 성공을 위해서라면 자신이 가진 모든 것을 내준다.

하지만 미국의 부모는 다르다. 자녀에 대한 경제적 지원을 고등학교 졸업할 때까지만 하고 대학에 가면 끊어버린다. 피

우리나라에서 고급 식재료인 소뼈는 보양식의 선두주자였다. 또 소뼈는 헌신과 봉사라는
의미에서 부모의 유별난 자식 사랑과도 연결된다.

로 맺어진 혈연은 당연히 변함없지만, 경제적으로는 갈라서
는 것이다. 미국 대학생은 부모에게 손을 벌리는 대신 금융기
관에서 대출을 받거나 아르바이트를 해서 등록금과 용돈을
마련한다.

학자금 대출 탓에 미국 청년은 대학 졸업 후 빚과 함께 사
회에 첫발을 내디딘다. 주택이나 차량을 구입하면서 빚을 더
한다. 은퇴할 때까지 열심히 빚을 갚고 또 갚으며 살아가는
것이다. 미국 청년은 부모 도움 없이 자립하는 것에 별다른
불만이 없다. 그렇게 사는 것이 미국 사회의 보편적인 모습이
기 때문이다.

소 한 마리 값이 한 학기 대학 등록금이던 시절이 있었다. 농부들은 자식 대학 공부를 시키느라 소를 팔았다. 서울에서 공부하는 자녀에게는 등록금만 필요한 것이 아니었다. 등록금보다 더 많은 돈이 생활비로 나갔다. 자식 한 명이 서울로 유학을 가면 1년에 5~6마리의 소가 가축시장으로 나가야 했다. 서울로 유학 간 자녀가 2~3명이면 등골이 휘었다. 소를 50마리 넘게 키우면 부농富農 소리를 들었는데, 자녀 2명의 뒷바라지를 마치니 송아지 몇 마리만 남았다는 코끝이 찡한 이야기가 전해진다. 그래서 대학을 상아탑象牙塔이 아닌 우골탑牛骨塔이라고 부르기도 한다.

사람들은 소뼈를 푹 고아 그 국물을 맛있게 마신다. 오랜 시간 가열된 소뼈는 영양분을 아낌없이 내놓는다. 우골탑이라는 낱말에도 부모가 가진 모든 것을 자식에게 남김없이 준다는 의미가 담겨 있다. 그래서 그 말만 들어도 가슴이 먹먹하고 아프다.

모든 동물은 먹으면 싼다. 이는 자연의 법칙이다. 소도 예외가 아니다. 소는 풀을 먹고 소똥을 배설한다. 그런데 소똥은 버릴 것이 없는 소중한 자원이다. 농부는 고약한 냄새가 나는 소똥을 차곡차곡 모아 퇴비를 만든다.

농부는 화학비료가 보급되기 전까지 땅에서 자란 풀로 소를 먹였고, 다시 그 똥을 모아 풀과 함께 삭힌 후 땅으로 돌려보냈다. 이렇게 함으로써 지력地力 고갈을 막았으며 꾸준한 생산을 가능하게 했다. 요즘 유행하는 표현인 지속 가능한 발전을 실천한 셈이다.

몽골처럼 건조한 지역에서는 소똥을 땔감으로 사용하기도 한다. 초원은 말 그대로 풀밭이다. 땔감으로 쓸 나뭇가지 하나를 구하는 것도 쉽지 않다. 그래서 소똥이 최고의 연료가 되었다. 젖은 소똥은 불에 잘 타지 않으므로 연료로 사용하려면 건조시켜야 한다. 건조된 소똥은 냄새가 나지 않는 건초乾草와 근원적으로 같다. 강력한 화력의 소똥은 유목민에게 따뜻함을 선물한다.

몽골 초원의 소는 평생 거친 풀을 먹고 자라지만, 유목민에게는 자신을 아낌없이 내어주는 소중한 존재다. 유목민의 배를 채워줄 고기와 우유는 물론 인생의 즐거움과 깊이를 더해주는 독한 술과 추위를 해결할 수 있는 땔감까지 제공하기 때문이다. 실속 없는 연금술사들보다 실용적인 마술사라고 할 수 있다. 소처럼 묵묵히 일하면서 모든 것을 아낌없이 인류에게 준 동물은 없다. 소는 인간의 둘도 없는 후원자다.

사자는 어떻게
역사에 남는가?

수사자가 매일 포효하는 이유

바람에 흩날리는 길고 검은 갈기, 200킬로그램에 이르는 당
당한 체구. 외모만 보아도 수사자는 '백수百獸의 제왕帝王'이
라는 별명이 잘 어울리는 맹수다. 전성기에 이른 수사자는 매
일 하는 일이 있다. 바리톤처럼 자신의 전용 무대에 올라 엄
청난 성량聲量을 뽐내는 일이다. 수사자가 애용하는 장소는
평탄한 초원에 홀로 우뚝 솟은 흰개미집이다. 흰개미 수백만
마리가 사는 초고층 아파트가 수사자에게는 목청을 자랑하

는 무대인 셈이다.

빼어난 가창력을 가진 성악가의 노래를 눈앞에서 들으면 크고 명징한 소리에 놀라게 된다. 수십 미터 떨어진 거리에서도 성악가의 노래는 정확히 들린다. 수사자의 울음소리도 마찬가지다. 목청을 가다듬은 수사자가 자신의 배에서 내는 포효는 사방 수 킬로미터까지 들린다. 수사자의 배가 증폭기 같은 역할을 해서다. 배에서 증폭된 소리는 성대를 거쳐 대지에 퍼진다.

수사자의 포효는 모든 동물을 대상으로 한 무차별적 함성이 아니다. 특정 동물만 염두에 둔 핀셋 공격이다. 수사자의 포효는 자신의 자리를 호시탐탐 노리는 떠돌이 수사자들을 대상으로 한다. 그 포효를 사람의 언어로 해석하자면 '이곳은 나의 영역이니 근처에 얼씬도 하지 마라' 혹은 '관계자 외 출입 금지'다.

누구나 흰개미집 위에서 마음껏 포효하는 수사자처럼 당당하고 화려한 삶을 원할 것이다. 하지만 보이는 것이 전부는 아닌 법이다. 제아무리 멋진 수사자라도 그 삶이 항상 영광에 가득 찬 것은 아니다. 수사자가 목소리를 뽐낼 수 있는 기간은 사자의 일생에서 그리 길지 않다.

사자 왕국의 왕좌는 인간 세상의 그것과는 성격이 다르다.

바리톤처럼 엄청난 성량을 뿜내는 수사자는 '이곳은 나의 영역이니 근처에 얼씬도 하지 마라'며 포효한다.

인간의 왕국에서 왕이 되려면 일단 왕의 자녀로 태어나야 한다. 새 왕은 부왕父王인 아버지에게서 왕위를 물려받는 것이 정해진 순리다. 프라이드pride라는 사자 무리에서 왕위에 오르는 것은 출신 성분과는 관계없다. 왕의 아들이라고 해서 거저 자리를 얻는 것은 사자의 왕국에서는 존재하지 않는다.

　프라이드의 왕 자리는 처음부터 끝까지 수사자가 자신의 힘으로 극복하고 쟁취해야만 한다. 『삼국지연의』의 장수로 비유하면 여포 정도의 무위武威를 보여야 자신만의 작은 왕국을 건설하고 지배자가 될 수 있다. 수사자들은 왕 자리를 두고 목숨 건 경쟁을 벌인다. 얼굴이나 몸에 깊이 난 상처는 사생결단의 혈전 끝에 얻은 영광의 흔적이다. 그런 것이 없으면 진정한 왕이라고 감히 말할 수 없다. 사자의 왕국에서 '아빠 찬스'나 '엄마 찬스'를 사용한다는 것은 애당초 상상조차 할 수 없는 일이다.

수사자 무리의 권력 투쟁

프라이드의 왕은 하나가 아닌 여럿일 수도 있다. 프라이드의 왕 자리가 수사자 한 마리만의 전유물이 아닐 수도 있다는 뜻이다. 수사자가 짧으면 수개월, 길면 수년 동안 힘들게 구축한 기존 권력 체계를 무너뜨리는 것은 말처럼 쉬운 일이 아니다. 혼자 힘만으로 다른 수사자 집단이 가진 권력을 쟁취하는 것보다는 친구들의 도움을 받는 것이 성공 확률을 높이는 길이다.

프라이드의 왕이 되기 전 모든 수사자는 자신이 태어난 무리에서 쫓겨난다. 원하든 원치 않든 수사자들은 일정 기간 떠돌이 생활을 해야 한다. 이 시절 생사고락을 같이한 젊은 수사자 친구들이 왕위 찬탈의 동료가 된다. 기존 권력을 무너뜨리려 협력하는 모습은 인간이나 사자나 크게 다르지 않다.

쿠데타에 성공했다면 논공행상의 시간이다. 새 정권 확립에 앞장선 수사자들이 권력을 나누어 갖는다. 프라이드에서는 의원내각제를 하는 나라에서나 볼 수 있는 연립정권 같은 지도체제를 볼 수 있다. 이런 지도체제는 후일 다른 경쟁자들의 외침을 막을 때 장점이 되기도 한다.

수사자로 태어나 한 번 권력을 쥐어보려면 싸움 실력만큼이나 중요한 것이 세력이다. 젊은 떠돌이 시절 자신을 도와줄 능력 있는 친구를 사귀는 것이 유리하다. 특히 힘이 세고 싸움을 잘하는 친구가 좋다. 유비처럼 관우나 장비를 자신의 옆에 두는 것이 수사자의 생존에 절대적으로 유리하다.

강한 힘을 가진 수사자가 자신의 이익을 위해 친구를 사귀고 이들과 합종연횡도 마다하지 않는다면, 다음 정권을 잡을 확률이 높아지게 된다. 사교술은 인간 세상과 마찬가지로 사자의 왕국에서도 성공을 위한 핵심 경쟁력이다.

인간 세상이나 사자의 왕국이나 권력을 가진 지배자는 선망의 대상이다. 권력자의 자리는 극소수에게만 허락된 제한된 자리일 뿐이다. 사자의 왕국에는 성공에 대한 열망이 가득한 외톨이 수사자가 다수 존재한다. 이들의 목적은 하나다. 프라이드의 왕 자리를 꿰차서 자신의 유전자를 이 세상에 가능한 한 많이 남기는 것이다.

프라이드의 왕 자리는 수사자 한 마리만의 전유물이 아니기 때문에 짧으면 수개월 안에 정권이 교체될 수 있다.

권력자가 되면 번식에 대한 배타적 권리는 물론 초원의 최고 사냥꾼인 암사자들이 사냥한 영양가 풍부한 먹이를 충분히 즐길 수 있는 권리도 보유하게 된다. 수사자는 본능에 충실한 동물이다. 번식과 식사에 대한 권리가 보장된 호사를 마다할 수사자는 세상에 없다.

좋은 특권이 보장되어 있으니 목숨을 건 희망자가 차고 넘친다. 그 결과 프라이드의 왕 자리는 계속 바뀐다. 사자 무리에서 일어나는 정권 교체는 사람들이 차를 마시고 밥을 먹는 일같이 자주 일어난다. 다반사茶飯事라고 해도 과언이 아닐 정도다.

권력자는 타이틀을 가진 복싱 챔피언과 같다. 100번의 도전을 격파해도 단 한 번의 실패가 있으면 자신이 차지하고 있는 챔피언 벨트를 반납해야 한다. 그래서 매번 싸움은 챔피언 타이틀전처럼 중요하고 양보할 수 없는 것이다.

사자 무리의 특성상 프라이드의 왕은 장기 집권하기 힘들다. 그런데 이런 점은 사자라는 종種에 상당한 의미를 가지고 있다. 특정 수사자가 장기 집권한다면, 그 수사자의 유전자를 가진 많은 후손이 발생하는 것을 의미한다. 매우 잔인하고 냉혹한 이야기지만, 나이 많은 수사자의 자식보다는 아무래도 젊고 튼튼한 수사자의 후손이 많은 것이 좋다. 다양한 샘플의 유전자가 퍼지는 것이 종의 생존에는 유리하다. 중국에는 '장강의 뒷물이 앞의 물을 밀어낸다長江後浪推前浪'는 속담이 있다. 대자연의 질서는 수사자에게도 고스란히 적용된다.

권력 앞에서는 피도 눈물도 없다

왕의 재임 기간은 길어야 수년에 불과하다. 그 짧은 시간에도 권력을 얻기 위한 치열한 경쟁이 펼쳐진다. 프라이드와는 달리 사람들이 세운 왕국은 부계父系를 통해 안정적으로 이어지는 경향이 있다. 10세기부터 20세기 사이 우리 역사를 보면 알 수 있다. 약 1,000년 동안의 역사에서 한반도에는 고려와 조선이라는 두 개의 왕국만 있었다.

918년 태봉이라는 왕국의 2인자인 시중侍中 왕건은 1인자인 국왕 궁예를 축출하고 고려를 건국한다. 고려는 1392년 신흥 무인 세력인 이성계에 의해 멸망할 때까지 474년 동안 왕건을 포함한 왕씨 34명이 재위에 오르며 나라를 다스렸다. 고려를 역사의 무대에서 밀어내버린 조선도 마찬가지였다. 창업 군주 이성계를 포함해 이씨 27명이 518년 동안 나라를 다스렸다.

사자는 모계母系의 역사를 단절 없이 계속 이어간다. 암사자는 자신이 태어난 프라이드를 일평생 떠나지 않는다. 그래서 출생으로 시작된 암사자와 프라이드의 인연은 죽음을 맞아야만 끝나는 것처럼 보인다.

그러나 죽음도 암사자와 프라이드 사이의 관계를 끊지 못한다. 암사자는 죽음에 앞서 생전에 자신의 후손을 이미 프라이드에 남겨놓았기 때문이다. 자신은 비록 죽었지만 그 딸과 외손녀는 계속 프라이드에 남아 있는 것이다. 그리고 그들을 이어 또 다른 후손들이 태어날 것이다.

프라이드에서 부계가 단절되는 이유 중 하나는 무리 내부의 어린 수사자들이 어느 정도 자라면 반드시 추방되기 때문이다. 프라이드의 왕은 아무리 자신의 피를 이어받은 친아들이라고 해도 반드시 추방한다. 아들이 청소년기에 접어들고 2차 성징이 시작되면, 자신의 경쟁자로 인식하고 상당한 경계를 한다. 자신을 대체할 만한 젊은 수사자의 존재를 용인하지 않는 것이다. 권력 앞에서는 피도 눈물도 없다는 말이 있다. 왕좌에 있는 수사자를 정확히 표현한 말이다.

자신의 아들까지 외부로 냉혹하게 쫓아내는 잔혹한 왕의 행동은 결과론적으로 사자라는 종의 운명에 긍정적인 역할을 한다. 무리에서 수사자들이 추방되기 때문에 사자의 왕국에서는 근친혼近親婚이 거의 발생하지 않는다. 자신이 태어난 무리에서 수사자가 떠나지 않고 계속 자란다면, 사자라는 동물은 근친혼의 폐해를 면하기 어려웠을 것이다. 그래서 무리 생활을 하는 동물이라면, 특정 성性이 출생한 곳을 떠나는 것이 해당 종의 운명에 바람직할 수 있다.

사자는 먹이사슬의 정점에 있는 포식자다. 그래서 생태계에서 차지하는 중요성이 다른 동물보다 높다. 건강한 사자는 대자연의 지속 가능성과도 관련이 있다. 그래서 청소년기에 접어든 어린 수사자들을 무리에서 추방하는 사자들의 습성

암사자는 자신이 태어난 프라이드를 일평생 떠나지 않는다. 더군다나 죽음도 암사자와 프라이드의 인연을 끊지 못한다.

은 사자라는 종의 건강을 유지하기 위한 자연의 세심한 배려라고 볼 수 있다.

인간 세상에서 왕이 되기 위해서는 창업 군주의 후손이어야만 한다. 그러기 위해서는 창업 군주의 성姓을 반드시 가지고 있어야 한다. 그 성은 부계로 이어지는 왕위의 근거가 되고, 권력의 정당성을 보장할 수 있는 힘이 되기도 한다.

미토콘드리아가 말하는 프라이드의 역사

프라이드에도 인간 세상의 왕족들이 가진 성과 비슷한 존재가 있다. 사자의 표지는 신체에 남겨져 있다. 암사자의 몸에 있는 증거를 보면 해당 사자가 어느 프라이드 소속인지 명확히 드러난다. 그런데 사자들이 남긴 표지를 이해하려면 간단한 생물학 공부를 먼저 할 필요가 있다.

사자는 성에 따라 운명의 차이가 큰 동물이다. 수사자는 청소년기에 접어들면 무리를 떠나야 하는 운명이고, 암사자는 평생 자신이 태어난 무리를 떠나지 않는다. 이후 수사자는 자신에게 맞는 프라이드를 찾기 위해 방랑 생활을 이어가며 기회를 노린다. 따라서 사자의 왕국에서는 암사자가 수사자에게 시집을 가는 것이 아니고, 수사자가 암사자에게 장가를 가는 셈이다.

프라이드에 있는 암사자 대부분은 혈연적으로 가까운 사이다. 사람의 촌수로 따지면 암사자들은 대부분 모녀, 친자매, 이종사촌 자매, 이모와 조카, 외할머니와 외손녀 사이에 해당된다. 당연한 이치지만 이들은 가까운 외가 친척들이다. 이에 비해 프라이드의 권력자인 수사자들은 암사자들과는 혈연적으로 상당한 거리가 있다.

사자를 포함한 동물의 신체에는 미토콘드리아라는 작은 에너지 공장이 존재한다. 미토콘드리아는 세포 안에 존재하는 세포소기관細胞小器官의 일종으로 산소를 이용해 영양소를 분해하고, 세포가 사용할 수 있는 에너지를 만들어내는 역할을 한다.

인간 세상의 왕족들이 창업 군주의 성을 공유하는 것처럼 프라이드의 암사자들은 세포 내 작은 에너지 공장인 미토콘드리아를 공유한다. 그 이유는 미토콘드리아는 부계 유전이 아닌 모계 유전으로만 후대에 전해지는 데 있다.

미토콘드리아는 특이하게도 모계로만 유전된다. 따라서 이 점을 이용하면 암사자들이 어느 프라이드 소속인지 쉽게 알 수 있다. 프라이드 P에 속한 암사자 A가 있다고 가정하자.

암사자 A의 세포에 있는 미토콘드리아는 당연히 어미에게서 받았다. 같은 무리에 있는 A의 어미 역시 미토콘드리아를 자신의 어미, 즉 A의 외할머니 사자에게서 받았다. 외할머니 사자도 여느 암사자와 마찬가지로 자신이 태어난 무리를 떠나지 않고 살고 있으니 A와 같은 프라이드인 P에서 살고 있다.

프라이드 P에는 A의 어미와 외할머니는 물론 어미와 친자매인 B라는 이모 사자도 살고 있다. 그런데 B도 외할머니의 딸이어서 미토콘드리아가 외할머니와 같다. 그러니 A와 B의 미토콘드리아는 같은 것이다. 또한 B가 낳았고 프라이드 P에서 같이 사는 이종사촌 자매 C와 D도 A와 같은 미토콘드리아를 가지고 있다. 이렇게 프라이드 P의 암사자 대부분은 같은 미토콘드리아를 공유하고 있는 것이다.

따라서 암사자의 세포에서 미토콘드리아만 추출해서 분석해보면 해당 암사자가 어느 프라이드 소속인지 알 수 있다. 미토콘드리아는 모계를 통해 이어지는 프라이드의 역사를 증명하는 일종의 족보라고 할 수 있다.

호랑이는 **생태계 지킴이다**

호랑이가 영토 욕심을 부리는 이유

하늘을 나는 용과 지상 최강의 맹수 호랑이가 벌이는 용호상박龍虎相搏은 대단한 실력자들이 전력을 다해 싸울 때 쓰는 사자성어다. 수준 낮은 상대끼리 벌이는 마구잡이식 닭싸움과는 격이 다르다. 축구로 치면 2002년 한일 월드컵 당시 유럽 대표 독일과 남미 대표 브라질이 결승에서 격돌할 때 사용하면 적격이다.

　용과 호랑이는 현실에서 결코 싸울 일이 없다. 용이 실존하지 않기 때문이다. 흥미롭게도 동양과 서양의 용에 대한 인식이 다르다. 동양적 세계관에서 용은 천상天上의 거룩한 존재로서 하늘을 상징한다. 서양의 용은 인간에게 적대적인 존재다.

조선도 용을 숭상했다. 조선 왕의 정복인 곤룡포袞龍袍에는 화려한 용이 새겨져 있다. 곤룡포를 입은 왕은 하늘 그 자체다. 왕은 지상에 내려온 용의 현신現身이다. 왕의 뜻에 어긋나는 신료들의 언행은 역린逆鱗(용의 턱 아래에 거꾸로 난 비늘)이다. 용은 일국의 지배자가 아니면 함부로 그 이미지조차 사용할 수 없는 고귀한 존재다.

동양적 세계관에서 용에 대항할 존재는 호랑이밖에 없다. 인도가 속한 남아시아와 달리 동아시아에는 사자라는 동물이 애당초 산 적이 없다. 그런 점을 감안하면 호랑이가 특별한 대접을 받는 것은 당연한 일이다. 우리 선조들은 호랑이를 두고 '산에 사는 임금'이라는 뜻의 산군山君이라고 높여 부르기도 했다.

작은 나라일지라도 임금은 왕의 격에 어울리는 공간에서 산다. 임금은 넓고 호화로운 궁궐에서 자신의 왕국을 다스린다. 그런데 야생의 임금인 호랑이도 인간 세상의 임금과 비슷하다. 호랑이에게는 드넓은 자신만의 왕국이 필요하다. 호랑

이가 영토 욕심을 부리는 이유는 매우 현실적인 것으로 먹잇
감을 충분히 확보하기 위해서다.

'아무르강'에 사는 '시베리아'호랑이

호랑이는 고양잇과 표범속에 속하는 빅 캣big cat이다. 호랑이
와 혈연적으로 가까운 친척의 모임인 표범속에 속한 동물 중
호랑이와 맞먹을 체구를 가진 것은 사자뿐이다. 재규어, 표
범, 눈표범 같은 중간 크기의 친척은 호랑이에 견줄 만한 몸
집이 아니다.

　호랑이의 아종亞種은 9종이다. 인도네시아의 발리호랑이·
자바호랑이와 중앙아시아의 카스피호랑이 3종은 멸종했다.
현존하는 호랑이는 벵골호랑이, 말레이호랑이, 인도차이나
호랑이, 수마트라호랑이, 남중국호랑이, 시베리아호랑이 6종
에 불과하다.

　호랑이의 아종 중 체구가 가장 큰 것은 시베리아호랑이다.
'시베리아호랑이'라는 명칭은 논쟁의 여지가 있다. 아무르호
랑이라고 칭하는 것이 더 적합하기 때문이다. 팩트 체크를 해
보면 시베리아호랑이의 서식지는 시베리아가 아닌 아무르

호랑이의 아종 중에서 가장 체구가 큰 시베리아호랑이는 시베리아가 아닌 아무르강 인근에 산다.

다. 아무르는 아무르강 인근을 뜻하는데, 중국과 러시아의 국경 지역을 포괄한다. 아무르강은 한자로 흑룡강黑龍江, 중국어로는 헤이룽강黑龍江이다. 고구려, 발해의 역사와도 관련이 깊은 곳이다.

아무르호랑이는 고양잇과 동물 중 체격이 가장 크다. 아프리카에 서식하는 사자보다 덩치가 크다. 성체成體 수컷 기준 평균 체장體長(머리부터 꼬리 끝까지의 길이) 3미터, 체중 250킬로그램에 달한다.

호랑이의 아종 중 유일하게 냉대 지역에 사는 아무르호랑이는 열대·온대 지역의 친척에 비해 체구가 상당히 크다. 이 같은 거대화 현상은 독일 생물학자 카를 베르그만Carl Bergmann이 정리한 베르그만의 법칙Bergmann's Rule을 떠올리게 한다. 그는 추운 지역의 항온동물은 그렇지 않은 곳의 동종同種보다 체구가 크다는 것을 과학적으로 증명했다.

아무르호랑이는 동물 44마리를 사냥해 먹는다

미국 미네소타주는 본토에서 겨울이 가장 추운 곳이다. 춥고 서늘한 기후 덕분에 미네소타동물원은 러시아의 연해주나 미국의 알래스카 같은 냉대·한대 지역에서 서식하는 호랑이, 그리즐리(갈색 곰), 늑대 같은 동물을 전시·연구·보호하는 역할을 맡고 있다.

미네소타동물원에서 아무르호랑이 관련 자료를 보면 이 호랑이가 얼마나 많은 양의 고기를 먹는 대식가인지 알 수 있다. 아무르호랑이는 연간 5,500킬로그램의 고기를 먹는다. 허기진 상태에서는 한 번 식사에 20킬로그램이 넘는 고기를 먹어버리기도 한다. 정육점에서 사용하는 근 단위(600그램)로 환산하면 33근이 넘는 고기를 한 끼 식사로 꿀꺽한다는 뜻이다.

아무르호랑이의 식사량을 아무르에 사는 발굽 동물의 종류와 마릿수로 환산하면 다음과 같다. 매년 산양 2마리, 꽃사슴 11마리, 멧돼지 12마리, 붉은사슴 19마리 등 도합 44마리의 중대형 발굽 동물을 사냥해 먹는다. 초식동물 사파리를 꾸려도 될 만큼의 동물을 먹어치우는 것이다.

한국의 호랑이가 바로 아무르호랑이다. 두 호랑이는 혈연적으로 같다. 호랑이가 한반도에 지금도 생존했다면, 과잉 번식으로 농경지에 피해를 일으키는 고라니나 멧돼지의 개체 수가 안정적으로 조절되었을 것이다.

2018년 한국의 1인당 국민총소득이 3만 달러를 넘었다.

아무르호랑이는 연간 5,500킬로그램의 고기를 먹는데, 산양 2마리·꽃사슴 11마리·멧돼지 12마리·붉은사슴 19마리 등을 먹어치운다.

1970년대만 해도 한국은 선진국과는 엄청난 격차가 있는 개발도상국이었다. 사람들은 한여름에도 멀리 피서를 가기도 어려웠다. 최고의 피서지는 도심에서 가까운 계곡이었다.

1970년대 소년들은 계곡에서 가재잡기 놀이를 즐겼다. 가재는 차갑고 맑은 1급수에서만 사는 갑각류다. 희소성 덕분에 가재를 잡은 것이 무용담의 소재가 되기도 했다. 중장년에게 인기 있는 MBN의 〈나는 자연인이다〉에는 가재와 버들치가 자주 등장한다. 가재와 버들치가 사는 곳은 수질 검사를 하지 않아도 된다. 존재만으로 1급수임을 증명한다. 깨끗한 곳에서만 사는 동물을 환경 지표종이라고 한다.

아무르호랑이가 사는 곳도 가재나 버들치의 서식지와 비슷하다. 아무르호랑이가 사는 숲에는 수많은 발굽 동물이 서식하는데, 이는 생태계가 건강하다는 뜻이다. 다양한 발굽 동물이 존재하지 않는 곳에서는 호랑이가 살 수 없다. 또한 호랑이는 먹이 활동을 하면서 과잉 번식으로 인한 산림 황폐화를 막아 자연을 풍요롭게 하며 '더욱 녹색으로' 만든다.

녹색을 되찾다

미국 옐로스톤국립공원에 늑대가 사라지자 환경이 급속히 황폐해졌는데, 다른 지역의 늑대를 데려와 살게 하자 숲이 녹색을 되찾았다. 왜 그렇게 된 걸까? 늑대는 인류와 공존이 쉽지 않은 맹수다. 양이나 염소를 키우는 유목민에게 늑대는 적으로 간주되었다. 인간은 늑대의 가까운 친척인 개를 베스트 프렌드로 여기면서도 정작 늑대는 박멸할 대상으로 여겼다.

미국 옐로스톤국립공원의 늑대들도 인류가 가진 적대감 탓에 희생되었다. 1927년 공원 내 마지막 늑대 무리가 인간의 손에 소탕된 후 예상하지 못한 일이 일어났다. '호랑이가 없는 산에서 여우가 왕 노릇한다'는 속담처럼 늑대의 먹잇감이던 엘크가 공원을 차지한다. 엘크는 체중이 400킬로그램에 달하는 거대 사슴이다. 늑대 무리 정도는 되어야 사냥할 수 있다.

늑대가 사라진 숲에서 엘크는 체중을 유지하고자 엄청난 양의 풀과 나뭇잎을 먹었다. 브레이크 풀린 자동차처럼 제어하기 어려운 수준으로 과잉 번식하던 엘크가 결국 공원의 녹색 자원을 고갈의 위험에 빠뜨린다. 평화로운 얼굴의 거대 사슴이 공원 내 식물의 생존을 위협하는 존재가 된 것이다. 식물 자원 고갈은 토양 침식으로 이어져 숲의 생태계에 치명적인 타격을 준다.

숲과 나무는 작은 동물의 보금자리다. 새는 나무에 둥지를 짓고 새끼를 키운다. 다람쥐나 청설모 같은 작은 설치류도 열매를 먹으면서 하루의 상당 시간을 나무에서 보낸다. 이런 작은 동물에게 엘크의 과잉 번식은 재앙과 같은 일이다.

늑대가 사라진 공원에서 날카로운 이빨과 빠른 발을 가진 포식자는 코요테뿐이었다. 코요테는 진돗개보다도 체구가 작다. 체중 10킬로그램 내외의 중형 포식자 코요테에게 엘크 같은 거대 발굽 동물은 그림의 떡이다. 코요테는 사슴의 사체를 처리하는 청소부 역할과 설치류를 사냥하는 데 적합한 동물이다.

미국 옐로스톤국립공원에 늑대가 없어지자, '호랑이가 없는 산에서 여우가 왕 노릇한다'
는 속담처럼 엘크가 공원을 차지했다.

생태계가 나날이 황폐화하자 공원 측은 1995년 늑대 복원 프로젝트에 나선다. 공원에 보금자리를 마련한 늑대들은 오로지 먹이 활동만으로 생태계를 복원시킨다. 『국부론』의 저자 애덤 스미스Adam Smith가 말한 '보이지 않는 손'의 역할을 늑대가 한 것이다.

공원이 녹색을 되찾으면서 새와 중소형 동물이 돌아왔다. 나무로 물을 막아 호수를 만드는 건축가 비버가 돌아오면서 수생생물의 서식지도 복원되었다. 생태계 복원이라는 옐로스톤국립공원의 기적은 최상위 포식자 늑대가 귀환한 덕분이었다.

호랑이가 사는 자연도 늑대 무리가 지배하는 옐로스톤국립공원과 똑같다. 호랑이는 늑대처럼 먹이 활동을 하며, 발굽 동물의 개체수를 적절한 수준으로 관리한다. 아무르호랑이의 영역은 야생의 임금답게 상당히 넓다. 수컷 호랑이 한 마리의 활동 공간이 서울 면적의 2배에 약간 못 미치는 1,165제곱킬로미터에 달한다. 아무르호랑이는 그 넓은 영역을 지속적으로 순찰하며 '생태계 지킴이' 노릇을 하는 것이다.

표범은 왜

2 인자로 살아가는가?

매화무늬로 위장하다

한겨울 삭풍은 두꺼운 외투를 입어도 뼛속까지 시리게 하지만, 찬바람의 칼끝은 아무리 매서워도 시간이 지나면 무뎌진다. 춘풍이 불면 얼어붙은 대지는 겨우내 입은 얼음 옷을 벗어버린다. 그러고는 자연이 정한 순서대로 아름다운 꽃을 피운다.

남쪽에서 온 화신花神은 매년 예외 없이 부지런한 순서대로 나무들을 깨운다. 오매불망 봄이 오기를 기다리던 매화가 제일 먼저 잠에서 깬다. 활짝 핀 매화를 보며 다른 꽃들도 자기 순서에 맞춰 꽃망울을 터뜨린다.

매화는 춘서春序의 맨 처음이다. 꽃말은 인내, 품격, 고결한 마음이다. 혹독한 겨울을 이기고 제일 먼저 꽃을 피우니 이 같은 꽃말을 누릴 자격이 충분하다. 예나 지금이나 우리의 학구열은 뜨겁다. 그리고 지치지도 않는다. 학원이 대도시 아파트 매매가를 결정한다는 농담이 있을 정도다. 조선시대 선비들도 평생 책을 손에서 놓지 않았다. 수불석권手不釋卷의 마음으로 학문을 연구하고 덕을 쌓았다. 선비들의 궁극적 목표는 학식과 덕행이 조화를 이룬 군자가 되는 것이었다.

선비들은 식물도 군자같이 당당한 기품을 가진 것을 좋아했다. 까다로운 성품을 가진 선비들의 눈에 든 식물은 사군자라고 일컬어진 매란국죽梅蘭菊竹이다. 사군자는 선비들의 그림인 문인화의 단골 소재였다. 그런데 그 클럽에서 으뜸은 매화의 차지였다. 도도한 자태를 자랑하는 난초나 가을의 우아함을 대표하는 국화, 꼿꼿한 기상을 가진 대나무는 매화의 뒤를 이어야만 했다. 그것이 선비들이 매긴 사군자의 순서였다.

동물의 왕국에도 '매화'를 뽐내는 녀석이 있다. 사납기로 소문난 표범이 매화의 소유자다. 표범의 온몸을 덮고 있는 무늬가 매화다. 그래서 '매화무늬표범'이라고 한다. 표범의 매화는 얼굴에서 시작해 꼬리에서 끝난다. 온몸을 매화무늬로 빈틈없이 채우고 있다. 매화무늬로 완벽한 위장색을 갖춘 표범은 은밀한 사냥꾼이 된다. 군복무를 한 사람이라면 얼굴에 얼룩무늬 위장 크림을 바르고 작전에 나선 경험이 있을 것이다. 표범의 매화무늬는 야생에서 그런 존재다.

매화무늬는 초원보다 숲속에서 위력을 발휘한다. 표범은 존재를 잘 드러내지 않는 비밀스러운 포식자다. 영리한 표범은 먹잇감이 자신의 체취를 인식하지 못하도록 바람의 방향을 잘 활용한다. 이는 표범뿐만 아니라 대부분의 포식자가 이용하는 방법이기도 하다.

사람을 포함한 모든 동물의 최우선 과제는 생존이다. 내일 아침 태양을 다시 보는 것이 삶의 지향이다. 생존하려면 시각과 청각을 통해 포식자의 움직임을 알아내야 한다. 표범의 사냥 대상이 되는 동물들은 표범의 접근을 알아채야 한다는 이야기다. 표범은 귀신같이 은신하기에 포착하기가 만만치 않은 동물이다.

표범의 발은 두툼하다. 이동할 때는 발톱도 숨긴다. 그러니 소리가 나지 않는다. 따라서 예민한 청각으로 표범의 움직임을 감지한다는 것은 어려운 일이다. 표범은 사냥감에게 치명적인 일격을 가하거나 나무 위를 오를 때만 날카로운 발톱을

표범의 매화무늬는 얼굴에서 시작해 꼬리에서 끝난다. 매화무늬로 완벽한 위장색을 갖춘 표범은 은밀한 사냥꾼이 된다.

사용한다.

후각과 청각으로 표범의 움직임을 포착하는 데 실패한 동물에게 마지막 남은 카드는 시각뿐이다. 하지만 표범은 눈에 잘 보이지 않는 위장복을 입은 특수부대원이다. 바로 앞까지 접근하지 않고서는 주변 수풀에 가려진 표범의 존재를 인식하기 어렵다. 표범을 레이더에 잡히지 않는 스텔스기로 만들어준 것이 아름다운 매화무늬다.

모든 사물에는 명암이 있게 마련이다. 밝은 면이 있으면 어두운 면이 존재한다. 매화무늬도 동전의 양면과 같다. 매화무늬는 먹잇감을 사냥하는 일에는 완벽한 킬러 애플리케이션killer application이다. 신이 표범을 어여쁘게 여겨 준 선물이며 축복이라고 할 수 있다. 그런데 표범의 매화무늬는 너무 아름다워 사람들의 눈마저 사로잡고 말았다. 이는 표범에게는 생존을 위협하는 문제다. 표범에게 매화무늬는 축복이자 저주다.

사람들의 눈을 사로잡은 표범 가죽

사람은 모든 면에서 다른 동물과는 다른 독특한 존재다. 다른 생명체는 결코 탐하지 않는 특이한 것에 열광한다. 아름다움이라는 매우 추상적인 대상을 최고의 가치로 여기기도 한다. 하지만 아름다움은 그 실체가 뚜렷하지 않고 매우 상대적이다. 이것을 혹독하게 비판하면 아름다움은 실체가 없다고도 할 수 있다.

아름다움은 실용적이지도 않다. 배고픈 사람들의 배를 결코 채워주지 않는다. 아무리 빼어난 심미안審美眼을 가진 사람이라도 예술품의 아름다움을 감상한다고 해서 생존에 필요한 에너지가 생기지는 않는다. 하지만 아름다움은 사람에게

한 차원 높은 가치를 제공한다. 식품이 입으로 들어가 소화기관을 거치면서 체내에 필요한 에너지가 된다면, 아름다움은 지극히 높은 수준의 만족감과 행복을 준다.

이 같은 황홀경에 중독된 사람들은 지극히 아름다운 존재를 소유하고자 물불을 가리지 않는다. 때로는 자기 몸을 모닥불에 태우는 불나방처럼 엄청난 위험도 감수한다. 애석하게도 표범의 매화무늬는 사람들이 열광하는 아름다움을 가지고 있다.

기원전 108년 고조선은 전한前漢의 전성기를 이끈 무제武帝에 의해 멸망한다. 중국 고대사를 대표하는 정복 군주인 무제는 눈엣가시 같은 흉노 정벌을 마치고, 그 창끝을 고조선에 겨눈다. 그리고 오랜 전쟁 끝에 고조선의 수도 왕검성을 함락한다. 고조선은 역사의 무대에서 완전히 사라지고 만다.

고조선이 멸망한 이후 한반도 북부와 만주에는 고조선 계열의 부족국가가 잇따라 수립된다. 그중에는 지금의 함경도 해안가를 중심으로 하는 동예도 있었다. 『삼국지』「위지魏志」동이전東夷傳은 동예의 특산품을 몇 가지 소개한다. 탄력이 좋아 사정거리가 긴 단궁檀弓, 작은 체구의 말인 과하마果下馬, 표범 가죽인 문표文豹가 그것이다.

중국 역사서에 기록될 만큼 널리 알려진 동예의 특산품

은 이웃 국가와 교역에서 거래 수단으로 활용되었을 것이다. 2,000년 전 우리 선조들은 아름다운 표범 가죽을 소중히 여겼고, 주변 국가들도 그렇게 간주했음을 알 수 있다.

표범은 생물학적으로 사자, 호랑이, 재규어와 가깝다. 그래서 동물학자들은 이들을 표범속으로 분류했다. 속屬은 종種의 바로 위 개념이다. 표범속 동물은 몸에 무늬가 있다는 공통점이 있다. 그런데 사자는 예외다. 다른 친척들은 무늬가 성장과 무관하게 나타나는데, 사자는 자라면서 무늬가 변한다. 새끼 시절에는 머리에서부터 꼬리까지 뚜렷한 무늬를 가지지만, 성체가 되면서 무늬가 희미해진다. 그래서 무늬가 없는 것처럼 보이기도 한다.

표범속 동물 중 재규어의 무늬는 표범과 비슷하지만, 두 동물을 구분하는 것은 어렵지 않다. 생각보다 간단하다. 표범은 매화무늬를 몸에 두른 반면 재규어는 검은 무늬 안에 작은 점이 있다. 쉽게 말해 무늬 안에 점이 있으면 재규어, 없으면 표범이다. 그리고 체구 차이도 꽤 난다. 재규어는 표범과 무늬는 비슷하지만 덩치는 훨씬 크다.

표범속에 속한 동물은 종은 다르지만 잡종을 만들 수 있다. 사자와 호랑이의 능력이 비슷한 원인은 혈연관계에서 찾을 수 있다. 두 맹수는 같은 표범속에 속한다. 그만큼 유전적

표범속 동물 중 재규어의 무늬는 표범과 비슷하지만, 표범은 매화무늬를 몸에 두른 반면 재규어는 검은 무늬 안에 작은 점이 있다. 더군다나 재규어는 덩치가 크다.

으로 가깝다. 사자와 호랑이 사이에서 부계가 사자면 라이거, 호랑이면 타이곤이 된다. 라이거는 부모 동물보다 크다. 하지만 타이곤은 그렇지 않다. 그 반대다. 왜소증矮小症이라고 할 정도로 작다. 라이거에 비해 타이곤은 매우 희귀하다.

사지와 표범도 그 시이에 후손이 태어날 수 있다. 레오폰은 수표범과 암사자 사이에 태어난다. 레오폰은 사자의 갈기와 표범의 매화무늬를 가진 터라 개성 있게 보인다. 1959년 일본 효고현 한신파크阪神パーク동물원에서 수표범과 암사자 사이에 레오폰 남매가 태어나 세계적인 화제가 된 적이 있다. 동물원 측은 표범과 사자 사이에 후손을 얻기 위해 두 이종동물을 어릴 때부터 같이 사육하는 등 오랜 기간에 걸쳐 많은 노력을 기울였다. 1961년 같은 곳에서 레오폰 3마리(1남 2녀)가 더 태어난다.

같은 속에 속한 다른 종 사이에 태어난 동물을 종간種間 잡종이라고 한다. 대부분은 암말과 수탕나귀 사이에 태어나는 노새와 같이 후손을 만들 번식 능력이 없지만, 라이거 등 표범속 일부 종간 잡종 동물은 아주 예외적으로 새끼를 낳는 경우가 있다.

열대·온대·냉대를 아우르는 서식지

표범은 환경에 적응하는 능력이 탁월하다. 극지極地를 제외한 넓은 지역에 서식한다. 표범의 서식지는 아프리카 남부를 시작으로 아라비아반도, 이란, 인도, 중국을 거쳐 러시아 연해주까지 이른다. 다시 말해 열대, 온대, 냉대를 아우른다.

군이 2,000여 년 전 동예의 사례까지 찾지 않더라도 한반도에는 표범이 많이 서식했다. 100년 전까지만 해도 산에서 표범과 조우할 수 있었다. 일제강점기 조선총독부는 한반도의 많은 야생동물을 해로운 동물, 즉 해수害獸로 규정하고 학살했다. 해수구제사업害獸驅除事業을 통해 공식 포획된 표범 수가 624마리에 달한다. 같은 기간 포획된 호랑이 97마리를 압도하는 숫자다. 조선총독부 통계에 포함되지 않은 비공식 포획도 많았을 것이다. 20세기 초반까지 한반도 야생에는 상당한 수의 표범이 살았을 것으로 추정된다.

표범을 제외한 표범속의 다른 빅 캣의 활동 영역은 넓지 않다. 백수의 제왕인 사자는 아프리카의 사바나에서 산다. 사자 개체수의 극소수를 차지하는 수백 마리의 아시아 사자만이 인도의 기르숲국립공원에서 살고 있다. 사자는 이렇게 열대와 아열대를 벗어나지 못했다.

일본은 한반도의 많은 야생동물을 해수로 규정해 학살했는데, 공식적으로 포획된 표범은 624마리에 달했다. 일본인들이 포획한 호랑이를 둘러싸고 있다.

표범과 비슷한 외모와 무늬를 가진 재규어도 서식지가 넓지 않다. 재규어는 아메리카 대륙에서만 사는데, 그것도 중남미에서만 산다. 재규어도 사자처럼 열대와 아열대에서만 사는 것이다. 아메리카 대륙의 대표적인 고양잇과 동물은 재규어가 아니다. 쿠거cougar 혹은 산사자mountain lion로도 불리는 퓨마다.

퓨마는 빅 캣은 맞지만, 표범속은 아니다. 퓨마속 퓨마종인 퓨마는 신대륙에서 독자적인 진화 경로를 밟았다. 혈연적으로 개활지에서 빠른 발로 가젤과 같은 사냥감을 잡는 치타와 가까운 편이다. 퓨마는 극지인 캐나다 북부를 제외한 아메리카 대륙 전역에서 서식한다. 그러니 퓨마의 서식지는 냉대, 아열대, 온대를 포함한다고 할 수 있다.

호랑이의 서식지와 기후대는 사자나 재규어에 비해 넓다. 열대·아열대·온대·냉대를 아우르는 지역에서 살지만, 아시아를 벗어나지는 못하고 있다. 인도, 네팔, 인도차이나, 인도네시아, 중국, 러시아 연해주 등이 호랑이의 주요 서식지다.

표범은 빅 캣이지만 체구는 호랑이나 사자 같은 친척과 비교할 수준이 아니다. 대략 4분의 1에서 3분의 1 크기에 불과하다. 대형 포식자로는 왜소한 편이다. 생김새가 비슷한 재규어에 비해서도 표범은 덩치가 작다. 그 절반 수준에 머무른다.

신체적인 한계 때문에 표범은 야생에서 최강자로 군림하기 어렵다. 대부분의 서식지에서 표범보다 덩치가 크고, 물리적으로도 힘이 센 포식자가 존재한다. 표범보다 강한 지배자는 호랑이처럼 혼자 사는 외로운 존재이기도, 사자처럼 무리를 이루는 존재이기도 하다.

아프리카에 사는 표범은 평생 사자의 눈치를 보며 살아가야만 한다. 힘들게 잡은 먹잇감을 서둘러 나무 위로 옮겨놓지 않으면 사자에게 빼앗기기 일쑤다. 사자는 사냥도 잘하지만, 도둑질에도 능숙하다. 표범으로서는 억울하겠지만 그렇다고 사자에게 대항해서는 안 된다. 그것은 자살행위다.

먹이를 나무 위에 올려놓는 일은 아무리 표범이라고 해도 쉬운 일이 아니다. 표범은 사람과 다르게 손이 없다. 오로지 턱의 강력한 힘과 날카로운 발톱으로 죽은 발굽 동물의 무거운 사체를 나무 위로 올려야 한다.

아무르표범은 표범 중 유일하게 냉대 지역에 서식한다. 한반도에 서식하던 표범과 같은 종이다. 미국 미네소타동물원 자료에 따르면 아무르표범은 근력筋力으로 67.5킬로그램이나 되는 사슴을 4.5미터 높이의 나무에 올려놓는다. 아무르표범은 이렇게 함으로써 누구의 방해도 받지 않고 일주일 동안 느긋하게 식사를 즐길 수 있다.

표범은 항상 경계를 한다

아프리카에서 표범을 위협하는 동물은 사자만 있는 것이 아니다. 단독 생활을 하는 표범은 무리 생활을 하는 하이에나를 당해낼 재간이 없다. 하이에나는 개별적으로도 표범에 밀리지 않는다. 그러니 표범에게 하이에나는 사자와 별반 다르지 않은 존재다. 하이에나는 사자도 피하는 사바나의 강자다. 무턱대고 덤벼들었다가는 어렵게 잡은 먹이뿐만 아니라 목숨까지 잃을 위험이 크다.

표범은 심지어 체구는 작지만 무리를 이루어 사는 아프리카 들개인 리카온의 눈치까지 보아야 한다. 리카온은 일대일로는 표범의 상대가 되지 않으나 혼자 돌아다니는 리카온은 야생에 없다. 무리를 이룬 리카온은 하이에나 무리와도 맞설 만큼 강하다. 아시아의 표범 서식지에는 아프리카에는 없는 호랑이가 산다. 호랑이를 피하고 싶어도 피할 수 없다. 숙명이다.

인간의 삶이나 야생의 삶이나 2인자의 삶은 고달프다. 야생에서는 2인자도 포식자지만, 1인자와는 그 격에서 현격한 차이가 난다. 1인자는 주변의 눈치를 볼 필요가 없지만, 2인자는 매 순간 1인자의 비위를 건드리지 말아야 한다. 있어도 없는 듯 느껴지도록 행동하는 것이 2인자의 바른 처신이며 생존 방법이다.

아프리카와 아시아 야생의 1인자인 사자나 호랑이는 산천초목이 겁에 질릴 만큼 우렁차게 포효한다. 성난 사자나 호랑이의 포효는 수 킬로미터 밖에서도 들린다. 동물들은 그 소리를 들으면 오줌을 지린다. 1인자의 포효는 마이크를 잡고 떠드는 것과 본질적으로 같다.

1인자는 동네 곳곳에 오줌을 흩뿌리며 힘과 권위를 과시한다. 강한 지린내가 나는 오줌은 다른 포식자들에게 출입 금지를 의미한다. 좋게 해석하면 무서운 포식자들이 냄새나는 오줌으로 무력 충돌을 막고 야생의 평화를 유지하는 것이다.

표범속 친척들과 달리 표범은 야생에서 존재를 드러내지 않는다. 이동할 때나, 사냥할 때나 심지어 식사할 때도 항상 경계를 한다. 조심성이 몸에 배어 있다. 그래서 먹잇감이 표범의 서식지로 들어가도 그곳에 은밀한 저격수가 살고 있는지 알기 어렵다. 표범은 이렇듯 2인자의 삶에 최적화된 동물이다.

식량을 지키는 법

체구가 작은 표범과 치타는 먹이피라미드 정점의 지배자가 아니다. 이들은 10~40킬로그램 내외의 중형 초식동물을 먹이로 삼는다. 사자나 호랑이도 이 크기의 동물을 주로 사냥한다. 자신보다 강한 맹수와 먹잇감을 두고 경쟁하는 형국이다.

사냥에 성공해도 안심할 수는 없다. 몸집이 더 큰 맹수가 나타나면 사냥감을 내주어야 한다. 악조건 속에서도 표범과 치타는 멸종하지 않고 꿋꿋이 삶을 이어가고 있다. 이들의 생

하이에나에게 무턱대고 덤벼들었다가는 어렵게 잡은 먹이뿐만 아니라 목숨까지 잃을 위험
이 크다. 그래서 표범은 사냥이 끝나면 나뭇가지에 먹이를 걸어둔다.

존 비결은 발톱이다. 다른 고양잇과 동물도 발톱을 주무기로 사용한다. 표범과 치타는 다른 고양잇과 동물과 발톱을 사용하는 방법이 다르다.

표범은 공간을 입체적으로 활용하는 동물이다. 다른 고양잇과 동물은 지상에만 미물지만, 표범은 나무 위의 공간도 사신의 영역으로 삼는다. 표범에게 지상이 사냥터라면 나무 위는 안식처다. 나무에 올라 쉬거나, 식사를 하고 다음 사냥을 준비한다.

표범은 다른 포식자를 피하기 위해 나무 위에 안식처를 꾸렸다. 표범이 사는 곳에는 경쟁자가 많다. 아시아에는 호랑이, 아프리카에는 사자와 하이에나가 있다. 표범은 그들과 충돌을 피한다. 표범은 일대일로 이길 수 있는 맹수를 만나도 심기를 건드리지 않는다.

다른 맹수의 강도질을 피하기 위해서는 이들이 올 수 없는 곳에 식량을 비축하는 편이 현명하다. 이 같은 이유로 표범은 사냥이 끝나면 나무의 높은 가지에 먹이를 걸어둔다.

표범은 나무에 잘 오를 수 있는 신체를 타고났다. 표범은 다른 고양잇과 동물에 비해 몸이 가볍다. 암사자는 성인 남성 2명 체중(100~190킬로그램)이며, 수사자의 체중은 3명(160~250킬로그램) 정도다. 호랑이도 비슷하다. 반면 표범의 체중은 수컷이 37~90킬로그램, 암컷은 28~60킬로그램에 불과하다. 뒷다리 힘도 표범이 나무를 잘 타고 오르는 이유 중 하나다. 표범의 뒷다리에는 자기 체중과 먹잇감을 합친 무게를 지탱할 수 있는 근육이 있다.

날카롭고 견고한 발톱도 표범의 나무 타기를 돕는다. 날이 선 표범의 날카로운 발톱은 나무를 찍고 오르기에 안성맞춤이다. 산악인들이 암벽이나 빙벽을 찍어서 오르는 피켈처럼 표범은 나무에 발톱을 박아가며 오른다.

나무에 오르는 능력 덕분에 표범은 안전하게 식사할 수 있다. 사냥에도 도움이 된다. 표범은 원숭이 등 나무 위에 사는 동물도 종종 사냥한다. 나무에 오르지 않는 동물을 사냥하는 데에도 나무 위 안식처가 도움을 준다. 표범은 나무 위에서 매복하다가 지나가는 동물을 습격한다. 이 동물은 자신을 공격하는 포식자의 정체도 모르고 불벼락을 맞게 된다. 머리 위까지 경계하지 않던 사냥감은 속수무책으로 당하게 된다.

눈표범은
히말라야의 포식자다

중국과 인도의 국경 분쟁

중국과 인도는 여러 분야에서 치열하게 경쟁하고 있다. 인구
규모가 대표적이다. 양국의 인구는 14억 명이 경계선이다.
중국은 14억 명이 조금 넘고, 인도는 약간 못 미친다. 그래서
양국의 인구를 합치면 28억 명이 넘는다. 아시아인 44억 명
의 3분의 2에 해당하는 숫자다. 그런데 인구 1위 자리는 조
만간 바뀔 것 같다. 인도의 인구 증가세는 완만하게 유지되는
반면, 중국은 이미 정체 단계에 접어들었기 때문이다.

두 나라는 3,488킬로미터에 달하는 국경선을 접하는 이웃이다. 국경을 맞댄 나라치고 사이좋은 경우가 없다는 말이 있듯 양국 관계도 좋지 않다. 두 나라는 아직 국경선에 대한 공식 합의조차 이루어내지 못하고 있다. 1962년 국경 분쟁으로 수천 명의 병사가 사망했으며, 2020년 5월에도 수십 명의 병사가 숨지는 비극이 발생했다. 양국이 평화롭게 지내려면 앞으로도 시간이 더 필요할 것 같다.

중국과 영토 분쟁을 겪는 인도는 아시아 대륙에 속한 나라다. 하지만 지구사적 관점에서 보면 인도는 원래 아시아 대륙에 속하지 않았다. 인도는 여러 개 대륙으로 나뉘어 지구 역사에서 사라진 초대륙인 곤드와나Gondwana의 일부였기 때문이다. 초대륙은 여러 대륙이 붙어 하나의 거대한 대륙을 이룬 것을 지칭한다.

곤드와나의 면적은 중국의 10배, 인도의 30배를 넘는 1억 제곱킬로미터로 추정된다. 수억 년 전 곤드와나에 속한 육괴陸塊로는 남아메리카, 아프리카, 남극, 오스트레일리아, 뉴질랜드, 마다가스카르와 같은 현재 남반구 땅과 지금은 아시아의 일부가 된 아라비아반도, 인도반도 등이 있다.

달도 차면 기운다고 한다. 9,000만 년 전 곤드와나는 여러 개의 육괴로 분열된다. 곤드와나에서 이탈한 대륙들은 각자

중국과 인도는 3,488킬로미터에 달하는 국경선을 접하는 이웃 국가지만, 1962년부터 지금까지 국경 분쟁을 하고 있다. 2020년 5월 분쟁이 일어난 후 인도에서는 중국산 불매 운동이 일어났다.

의 자리를 찾아갔다. 인도판은 거대한 판板의 이동치고는 꽤 빠른 편인 매년 20센티미터 속도로 북쪽으로 움직였다. 그 결과 인도판은 다른 거대한 판과 충돌한다. 5,000만 년 전 인 도판은 지금의 유라시아판과 만나 마침내 아시아 대륙의 일 부가 된다.

수천만 년 동안 북쪽으로 이동한 인도판의 여정은 그것으 로 끝이 아니었다. 지금도 인도판은 멈추지 않고 매년 5센티 미터의 속도로 동북쪽으로 이동해 유라시아판을 밀어붙이고 있다. 그 결과 인도판은 매년 4밀리미터씩 압축된다. 인도판의 지속적 운동의 결과로 유라시아판과 인도판의 접경에는 지구에서 가장 높은 히말라야산맥과 티베트고원이 형성되었다. 또한 그 같은 험준한 환경에서 사는 데 적합한 생명체들이 등장했으며, 그들은 그 나름의 먹이피라미드를 구성했다.

사냥 성공률을 높이기 위한 행위

유라시아판과 인도판 충돌의 산물인 고산지대의 지배자는 눈표범이다. 먹이피라미드의 정점에 있는 눈표범도 주변 환경에 적응하며 살아가야 한다는 대자연의 법칙에 순응하고 있다.

눈표범은 같은 고양잇과 표범속 친척인 사자와 호랑이처럼 주변 환경에 어울리는 독특한 외모를 가지고 있다. 이 포식자를 자세히 관찰하면 혹한기 훈련 중인 군인들이 입는 흰 위장복을 온몸에 두른 것 같다. 눈표범은 진화의 결과로 서식지의 자연과 하나 된 털가죽을 갖게 되었다.

아프리카 초원의 지배자는 사자다. 이 포식자도 예외 없이 주변 환경에 자신의 몸을 맞추고 있다. 사자의 털은 황갈색이다. 다소 밋밋하게 보이는 단색이다. 사자가 이런 단순한 털 색깔을 가진 이유는 먹잇감의 눈에 띄지 않기 위해서다. 사자의 털은 무성한 갈대숲에서 그 진가를 발휘한다.

사자가 사냥 성공률을 높이려면 먹잇감에 최대한 접근해야 한다. 사자는 몸을 최대한 낮추고 포복에 가까운 자세로 이동한다. 이런 사냥법은 사자에게만 해당하는 것이 아니다. 대부분의 고양잇과 동물이 이런 방식으로 사냥한다. 무엇보다 중요한 것은 자신의 존재를 사냥감에게 들키지 않는 것이다. 그래서 포식자의 털 색깔이 중요하다.

개나 늑대 등 갯과 동물의 지구력은 고양잇과 동물에 비해 월등하다. 그래서 갯과 동물은 먹잇감을 끈질기게 추격해 더는 달리기 어려운 상황까지 밀어붙인다. 이런 사냥은 혼자서는 어렵다. 무리가 있어야 가능하다. 구성원들이 서로 교대하며 사냥감을 추격해야 한다.

지구력 대신 순발력과 운동신경이 뛰어난 고양잇과 동물은 추격전을 힘들어한다. 그 대신 상대가 예상하기 힘든 기습 공격을 선호한다. 사자가 바람을 등지고 사냥감에 가까이 접근하면, 그 동물은 미처 피할 틈이 없는 상황에 처한다.

숲속의 왕 호랑이도 주변 환경에 맞는 위장복을 가졌다. 사자가 사막 주둔 미군의 군복 색깔과 비슷한 위장복을 입고

눈표범은 혹한기 훈련 중인 군인들이 입는 흰 위장복을 온몸에 두른 것처럼 주변 환경에 어울리는 독특한 외모를 가지고 있다.

있다면, 호랑이는 더 화려한 것을 몸에 둘렀다. 아시아의 수풀 색깔과 비슷하게 만들어진 호랑이의 위장복은 특수전 부대의 군복을 연상시킨다.

호랑이는 황토색 바탕에 검은 줄무늬로 자신을 주변에 맞춘다. 바람의 방향을 이용하는 호랑이는 사냥감에게 체취를 풍기지 않는다. 사냥감에게 호랑이는 보이지 않고, 냄새도 맡을 수 없는 존재다. 그러니 사냥감으로 지목되면 잡아먹힐 수밖에 없다.

먹잇감이 자신의 존재를 알아차리지 못하게 하는 것은 맹수에게 중요한 일이다. 포식자의 사냥 성공률은 준비가 어떠했느냐에 따라 현저히 달라진다. 주변 환경에 어울리는 색깔의 털을 갖추는 것이나, 바람을 이용하는 것이나, 낮은 포복 자세로 가까이 접근하는 모든 행위는 사냥 성공률을 높이기 위한 사전 준비 과정이다.

아무리 사냥을 잘하는 호랑이라고 해도 매번 성공할 수는 없으나, 지나치게 자주 실패하는 것은 야생에서 지속적 생존을 위협하는 위험한 일이다. 맹수들의 생존 가능성은 사냥 성공률로 파악할 수 있다. 수학으로 설명할 수 있다는 이야기다. 사냥 성공률은 사냥 성공 건수를 사냥 시도 건수로 나누면 간단히 구할 수 있다. 사냥 성공률을 계산하려면 인내심

있게 포식자의 삶을 관찰해야 한다.

야구는 스포츠 중 수학과 가장 관계가 깊다. 투수나 타자의 행동 결과를 수학으로 분석할 수 있다. 시즌이 시작되면 타자들은 다음 시즌에도 유니폼을 입기 위한 생존 경쟁을 펼친다. 모든 타자가 살아남는 것은 아니다. 시즌이 종료되면 일부 타자들만 다음 시즌에도 생존할 자격을 갖는다. 판단 근거는 타자가 만들어낸 안타 수를 타수로 나눈 타율이다.

팀이 제시하는 수준의 타율을 달성한 타자는 계속해서 야구 선수로 활약하지만, 그렇지 않은 경우에는 은퇴를 강요받는다. 높은 타율을 자랑하는 강타자들은 현역 시절 스포트라이트를 받는다. 남보다 늦은 나이에 은퇴하는 특권도 누린다. 은퇴 이후 자신의 이름을 전설로 남기기도 한다. 최근에는 은퇴 선수들도 온라인 야구게임 등에서 이름값을 받으며 계속 활약한다.

포식자에게 사냥 성공률은 타자의 타율처럼 야생에서 자신의 생존을 좌우하는 결정적인 수치다. 사냥 성공률이 높아야 건강을 유지하며 지배자 역할을 계속할 수 있다. 또한 자신의 유전자를 후대에 남길 확률도 높아진다.

개의 실용성과 고양이의 아름다움

눈표범이 사는 고산지대는 산 아래 지역과 기후가 다르다. 한여름에도 눈이 모두 녹지 않는다. 만년설이 존재하는 생활환경에 따라 위장복 색상은 흰색이 기본이다. 무늬도 고산지대 풍경과 어울리는 수수한 회색 계열이어야 한다.

미국 테네시주 멤피스동물원에서 직접 관찰한 눈표범의 몸은 눈 덮인 설산의 회색 바위 같았다. 해발고도가 높은 산악에는 나무보다 바위가 훨씬 많다. 흰 바탕에 연한 회색 무늬를 한 눈표범은 서식지 특성에 적합한 완벽한 위장복을 입은 것이다. 위장을 잘한 눈표범이 바람의 방향을 이용하면 먹잇감이 포식자의 존재를 알아차리기 어렵다. 눈표범은 스키부대의 저격병처럼 눈밭에 숨어 목표물을 노릴 수 있다.

눈과 얼음, 바위가 많은 자연환경에 자신을 맞추며 진화한 결과, 눈표범은 화려하지는 않지만 절제된 아름다움을 갖게 되었다. 더구나 고양잇과 동물 특유의 도도함까지 보유했다. 그 도도함은 용의 그림에 눈동자를 찍어 하늘로 용이 승천했다는 화룡점정이라는 말을 떠올리게 한다. 눈표범은 대자연의 모습에 따라 자신을 진화시켰고, 집안 내력인 도도함까지 갖춰 히말라야산맥에 사는 멋진 동물이 되었다.

인간에게는 심미안이라는 독특한 눈이 있다. 아름다움을 느끼는 데 특화된 내면의 눈인 심미안은 눈표범과 같은 아름다운 존재를 보면 그 능력을 발휘한다. 심미안은 눈표범을 관심 리스트에 올려놓은 지 이미 오래다.

인간은 개와 고양이를 반려동물로 여긴다. 반려동물이라면 조건 없이 사랑해야 한다. 하지만 인간은 아름다움에 대한 열망이 지나치게 강해서 친구처럼 지내는 동물을 아름답게 변화시키는 개량 작업을 벌였다.

개와 고양이의 개량 방향은 달랐다. 개는 인간의 삶에 도움이 되는 실용적인 목적으로 개량된 반면, 고양이는 아름다움을 강조하기 위해 개량되었다. 하지만 모든 개에게 실용성이 강조된 것은 아니다. 아름다움을 강조하기 위해 개량된 개들도 있기 때문이다.

움직이는 보석으로 일컬어지는 요크셔테리어와 영국의 전성기를 이끈 빅토리아 여왕의 사랑을 독차지한 포메라니안 같은 소형견은 아름다움 추구가 개량의 목적이었다. 다만 이같은 경우가 고양이와 달리 개에는 예외적이다. 개의 개량은 주로 사냥, 경비, 목양牧羊, 구조, 탐색 같은 실용적인 목적으로 이루어졌다.

사냥은 인류 역사에서도 중요한 의미를 가진 활동이다. 농

개는 사냥, 경비, 목양, 구조, 탐색 같은 실용적인 목적으로 개량되었다. 다만 움직이는 보석으로 일컬어지는 요크셔테리어와 빅토리아 여왕의 사랑을 독차지한 포메라니안은 예외다.

경시대 이전에는 사냥과 채집을 통해 먹을 것을 해결했기 때문이다. 사냥에 성공하면 배를 채웠고, 실패하면 굶었다. 농경이 시작되면서 사냥의 중요성은 퇴색했다. 현대의 사냥은 고급 레저의 성격을 가지고 있다. 돈과 시간이 충분한 중산층 이상의 전유물이 된 것이다.

오늘날 사냥의 주인공은 총을 가진 사냥꾼이다. 사냥꾼의 지시를 받고 이를 수행하는 팀원 역할은 사냥개들이 한다. 사냥의 성공은 팀원들의 활약 여하에 달려 있다. 그래서 사냥꾼은 자신이 원하는 사냥에 특화된 사냥개를 요구한다. 과업 수행을 위해 해당 분야에서 능력이 보장된 팀원이 필요한 경영학의 원리와 같다. 멧돼지나 고라니 같은 동물을 사냥할 때는 수렵견, 새를 사냥할 때는 조렵견으로 개량된 사냥개를 데리고 나간다.

시장의 질서를 재편할 수 있는 지배적 제품이나 서비스를 경영학에서는 킬러 애플리케이션, 즉 킬러앱이라고 한다. 사냥개는 자신만의 킬러앱을 가지고 있다. 이는 사냥개가 그런 장점을 가지도록 개량한 사람들의 노력이 가져온 결과이기도 하다.

시각형 하운드sight hound는 멀리 있는 사냥감을 눈으로 확인하고 빠른 속도로 돌진한다. 가젤같이 빠른 동물을 잡기에 최적화된 사냥개다. 시각형 하운드의 킬러앱은 좋은 눈과 빠른 발이다. 역사가 가장 긴 시각형 하운드에는 그레이하운드, 살루키 등이 있다. 참고로 하운드는 사냥개를 의미한다.

후각형 하운드scent hound의 킬러앱은 포기하지 않는 끈질김이다. 냄새를 맡고 추격하는 개들은 사냥꾼이 철수 명령을 내릴 때까지 사냥감을 계속 추격한다. 닥스훈트, 비글, 블러드하운드 같은 품종이 대표적인 후각형 사냥개다.

21세기를 사는 개에게도 실용성은 여전히 중요하다. 공항이나 항만에서 마약을 찾는 탐지견, 군에서 지뢰를 찾는 군견, 매몰지에서 실종자를 찾는 구조견, 시각장애인의 손과 발

사냥꾼은 사냥개를 데리고 다니는데, 멧돼지나 고라니 같은 동물을 사냥할 때는 수렵견, 새를 사냥할 때는 조렵견을 대동한다.

이 되는 안내견 등 이루 열거하기도 어렵다. 이러한 특수 목적견의 능력 향상을 위한 개량 작업은 지금도 계속되고 있다.

자신만의 삶에 충실한 고양이를 개처럼 다양한 방식으로 개량하는 것은 현실적으로 어렵다. 고양이는 혼자 모든 것을 해결하는 데 익숙한 동물이다. 그래서 인류는 개와는 전혀 다른 방향에서 고양이를 개량했다.

고양이 개량 과정에서 실용적인 목적은 배제된다. 오로지 아름다움이 개량의 목적이다. 개량된 고양이의 외모는 눈부실 만큼 아름답다. 눈표범은 그런 고양이와 비교해도 결코 뒤지지 않는다. 산악지대에서 생존하기 위해 진화한 결과가 인위적 개량의 결과를 압도한 것이다. 인간이 제아무리 아름다움을 추구해도 자연이 만든 아름다움을 능가하기는 어렵다. 그 어떤 인공 조형물도 자연이 만든 멋진 경관을 앞서기 어려운 것과 같은 이치다.

눈표범의 강력한 꼬리

눈표범은 아름다움만 가진 것이 아니다. 앞서 언급했듯 히말라야와 티베트 생태계의 최고 포식자다. 포식자로 성공하려면 확실한 킬러앱이 있어야 한다. 눈표범의 킬러앱은 강력한 꼬리다. 꼬리는 신체의 균형추 역할을 한다. 꼬리 없는 눈표범은 머리카락이 잘린 삼손이다.

치타의 킬러앱도 꼬리다. 순간 시속 110킬로미터 속도로 달리면서 무게중심을 잡는 것은 꼬리의 힘 덕분이다. 치타의 사냥감인 스프링복은 시속 100킬로미터로 달리는 스프린터다. 전속력으로 달리다 갑자기 방향을 바꾸는 능력을 가졌으며 2~3미터 높이로 뛸 수 있다. 스프링복의 이런 질주 습관은 치타를 교란하기 위한 약자의 생존 전술이다. 이 역시 진화의 결과물이라고 하겠다. 치타가 스프링복을 추격할 수 있는 원동력은 강력한 꼬리의 힘에 있다. 치타는 빠른 이동 중에도 꼬리 덕분에 '흔들리지 않는 편안함'을 느낀다.

한편 이란 축구 국가대표팀 유니폼에는 고양잇과 동물이 그려져 있다. 빠른 역습에 능한 이란 축구팀처럼 날랜 치타가 그 주인공이다. 이란에도 치타가 사는데, 멸종 위기종이다. 이란 정부는 치타를 보호하기 위해 다방면의 노력을 경주한다. 심지어 국제적인 관심을 촉구하기 위해 국가대표팀 유니폼에 이란 치타를 그려넣은 것이다.

이란 땅에 아직도 치타가 산다는 것은 과거 치타의 서식지가 지금보다 훨씬 넓었다는 것을 방증한다. 치타는 수백 년 전만 해도 아프리카 초원 밖에서도 볼 수 있었다. 중동, 중앙 아시아, 인도 등에 서식했다. 하지만 아시아 치타는 지속적인 서식지 파괴와 무분별한 남획 때문에 이란을 제외한 다른 지역에서는 멸종되고 만다.

눈표범의 꼬리도 치타의 꼬리와 비슷하다. 눈표범은 서식지가 가파른 고산지대이기에 경사면에서 빠른 이동은 피하기 어려운 숙제다. 더구나 눈표범의 주요 사냥감인 산양은 비탈면 이동의 달인이다. 수직에 가까운 경사면에서 달리는 산양을 잡으려면 비장의 카드가 필요하다.

눈표범은 길고 강한 꼬리를 가지고 있다. 강력한 꼬리의 힘으로 균형을 유지하는 덕분에 경사면에서도 추락의 위험 없이 자유자재로 이동할 수 있다. 치타의 꼬리가 날쌘 추격자의 기만전술을 회피하는 킬러앱이라면, 눈표범의 꼬리는 수직면에서 추락하지 않고 사냥감을 잡을 수 있는 킬러앱이라고 할 수 있다.

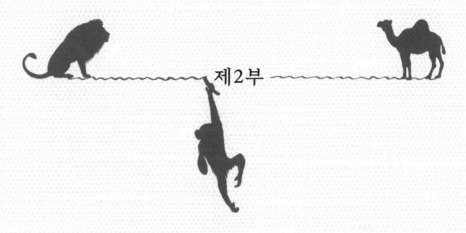

제2부

동물과 인간이 만든 역사

고양이와 쥐, 대항해 시대를 열다

식량을 훔치다

수만 년 동안 인류는 지구의 지배자가 되기 위해 많은 노력을 기울였다. 그 결과 스스로 만물의 영장이라고 할 수 있을 만큼 성공했다. 인류는 이 모든 성공을 자신들이 흘린 굵은 땀방울의 대가라고 생각하고 있다.

인류의 성공에는 다른 동물이 기여한 부분도 있다. 오랜 시간 많은 동물이 인류를 위해 헌신했다. 그 조력자 중 일부는 역할에 걸맞은 평가를 받고 있으나 그렇지 않은 경우도 있다. 과소평가된 대표적인 동물이 고양이다. 고양이는 많은 일을 했는데도 놀고먹는 동물이라는 누명을 뒤집어쓰고 있다.

고양이는 다른 동물과 달리 자신만의 독특한 방식으로 일한다. 그래서 사람들의 눈에 성과가 제대로 부각되지 않는 측면이 있다. 고양이는 보이지 않는 곳에서 묵묵히 자신의 역할을 하는 '언성 히어로unsung hero'라고 할 수 있다.

쥣과 동물에게 고양이는 저승사자다. 생물학에서는 천적이라고 한다. 천적은 생태계에서 먹잇감이 되는 동물의 개체수를 조절하는 중요한 역할을 한다. 고양이는 쥐의 개체수를 적절하게 조절한다. 고양이와 먹잇감인 쥐는 모두 젖먹이 동물인 포유류다. 포유류에는 153개 과科가 있다. 그중에서 규모가 가장 큰 것은 속屬이 40개, 종種이 650개나 되는 쥣과 동물이다. 물론 개체수도 쥣과 동물이 가장 많다.

쥣과 동물 중 인류와 밀접한 관계를 가진 동물은 집쥐와 생쥐다. 이들은 수만 년 전 인간 세상에 잠입해 원주민인 양 정착했다. 인류와 쥐는 바늘이 가는 데 실이 가는 것과 비슷한 관계다. 인간이 사는 곳에는 집쥐와 생쥐가 함께한다.

시궁쥐속에 속하는 집쥐는 덩치가 제법 커서 실물로 보면 놀라기 십상이다. 집쥐 수컷은 체중이 300그램, 암컷은 200그램 내외다. 집쥐는 100마리에 달하는 큰 규모의 무리를 이루고 산다. 집쥐 1마리가 보이면 주변에 100마리가 있다고 보면 된다.

조선시대 때 특산물을 세금으로 내는 공납貢納 제도가 있었다. 백성들은 공납이 가혹해 고생했다. 1970년대에도 공납과 비슷한 부담이 있었다. 조선시대 공납처럼 공식적인 조세는 아니었지만, 세금 못지않게 부담스러운 존재였다. 그런데 내야 할 물건은 호랑이 가죽인 호피虎皮나 담비의 가죽인 돈피獤皮 같은 비싸고 귀한 특산물이 아니라 집쥐의 꼬리였다.

집쥐의 꼬리를 제출하라는 명령을 내리는 주체는 초등학교였다. 예나 지금이나 어려운 숙제는 학부모 몫이다. 개똥도 약에 쓰려면 구하기 어렵듯 흔하디흔한 집쥐도 학교에 내기 위해 잡으려고 나서면 잡기가 어려웠다. 그래서 일부 학부모는 중세의 아라비아 연금술사를 흉내냈다. 20세기형 공납을 제출하고자 마른 오징어를 구입해 그 다리를 쥐꼬리 길이로 자른 후 그 위에 검은 구두약을 발랐다. 이러면 외견상 쥐꼬리와 구분되지 않았다.

당시 학교에서 이런 이상한 과제를 낸 것은 집쥐가 주는 다양하고 심각한 피해 때문이다. 집쥐는 식량을 훔치는 도둑이며 집의 목조를 훼손하는 문제다. 식량 절도 과정에서 입을 댄 음식과 물을 통해 질병을 옮기기도 한다.

집쥐는 식량을 훔치는 도둑이며 집의 목조를 훼손하는 문제아였기 때문에 1970년대 초등학교에서는 집쥐의 꼬리를 제출하라는 숙제를 내주기도 했다.

집쥐는 발열, 오한, 근육통 등의 증세를 동반하는 렙토스피라증을 옮기는 매개체다. 집쥐의 소변을 통해 렙토스피라균이 배출된다. 인간이 집쥐의 소변과 접촉하면 이 균에 감염될 수도 있다. 특이한 점은 집쥐는 체내에 렙토스피라균을 보유하지만 병을 앓지는 않는다. 하지만 인간이 이 균에 노출되면 위험한 상황에 처할 수 있다. 집쥐처럼 전염병 매개체 노릇을 하는 동물을 매개동물이라고 한다.

전염병을 옮기다

생쥐는 생쥐속에 속하는 체중 10~30그램의 작은 동물이다. 집쥐의 10분의 1에 해당하는 작은 체구여서 해악이 없을 것처럼 보이기도 한다. 하지만 이는 철저한 오산이다. 작은 고추가 맵듯 생쥐의 해악은 집쥐에 결코 뒤지지 않는다.

생쥐는 생존에 필요한 다양한 재주를 가졌다. 수영에 능하고 나무도 잘 탄다. 식량을 가득 싣고 출항하는 배에 묶인 줄을 타고 승선하기도 한다. 누구도 초대하지 않았지만 불청객으로 밀항하는 것이다. 월트 디즈니Walt Disney는 고양이를 골탕 먹이는 만능 재주꾼 미키 마우스를 창작했는데, 실제로도 생쥐는 재기발랄한 동물이다.

비록 작은 체구지만 생쥐도 집쥐처럼 여러 악행을 저지른다. 왕성한 식욕과 번식력은 집쥐만의 전매특허가 아니다. 생쥐 역시 식량 절도에 능하고, 전염병 매개동물 역할도 수행한다. 집쥐처럼 소변을 통해 렙토스피라균을 인간 세상에 배출한다.

생쥐는 식량을 구하기 쉬운 곳에 보금자리를 마련한다. 생쥐에게 가장 좋은 서식처는 지저분한 성격을 가진 인간의 집이다. 먹을 것을 눈에 띄지 않게 보관하고 집을 자주 청소하면 생쥐의 침입을 줄일 수도 있다.

생쥐와 집쥐는 같은 서식지를 놓고 경쟁한다. 덩치가 압도적인 집쥐는 생쥐가 사는 곳이 마음에 들면 그 거처를 빼앗아 버린다. 생쥐는 덩치에서 상대가 되지 않아 집쥐가 덤비면 영역을 넘겨주고 다른 곳으로 이동한다.

들쥐는 집쥐나 생쥐 같은 특정 쥣과 동물을 의미하지 않는다. 들에 사는 다양한 종류의 쥣과 동물의 총칭이다. 쥣과 동물의 연합체인 들쥐도 도시의 쥣과 친척들처럼 사람에게 적지 않은 피해를 준다. 피해가 집중되는 곳은 농업이다.

들쥐는 농부가 가꾼 농산물을 훼손하는 것으로도 모자라 농경지 곳곳에 구멍을 판다. 집을 만들고 이동 통로를 개척하는 들쥐의 행동이 둑이나 제방의 붕괴 원인이 되기도 한다. 우리 조상들은 농사의 골칫거리인 들쥐를 없애고자 음력 정월 대보름이면 논둑에 불을 놓는 쥐불놀이를 했다. 그날은 공식적인 구서驅鼠(쥐잡이)의 날이었다.

들쥐도 친척들처럼 전염병을 퍼뜨리는 매개동물이다. 렙토스피라균은 기본이다. 들쥐가 퍼뜨리는 대표적인 악성 전염병은 고열과 복통 증세를 일으키는 유행성 출혈열이다. 한반도, 연해주, 만주 등에서 광범위하게 서식하는 등줄쥐가 유행성 출혈열의 매개동물이다. 붉은쥐속에 속하는 등줄쥐는 분변糞便을 통해 유행성 출혈열의 원인이 되는 한타바이러스를 체외로 배출한다. 한타바이러스는 먼지나 공기 등을 통해 사람의 호흡기에 침투해 유행성 출혈열을 일으킨다.

유행성 출혈열은 6·25전쟁과도 무관하지 않다. 1951년 중부전선에서 일부 유엔군이 유행성 출혈열로 쓰러졌다. 이일로 유행성 출혈열이 세계에 널리 알려졌다. 그렇다고 한국이 최초 발병지는 아니다. 1930년대 중국 헤이룽장성黑龍江省에 주둔하던 일본 관동군과 러시아군에서도 유행했기 때문이다. 당시 수만 명의 병사가 감염되었고, 그중 상당수가 사망한 것으로 추정된다.

신이 인간에게 보낸 수호천사

고양이는 체중 3~5킬로그램의 작은 포식자다. 고양이가 인류의 눈에 띈 것은 탁월한 사냥 능력 덕분이다. 다만 고양이는 작은 체구 때문에 사냥 능력에 뚜렷한 한계가 있다. 얼룩말이나 영양 같은 발굽 동물을 잡을 수는 없다. 고양이가 잡을 수 있는 최적의 사냥감은 쥣과 동물이다. 개체수도 많고 크기도 작은 쥣과 동물은 하늘이 고양이에게 내려준 이상적인 사냥감이다.

인류는 농경을 시작한 후 보통의 동물들과 달리 식량을 비축해놓는 독특한 습관을 갖게 된다. 창고에 쌓인 식량은 후각이 예민한 쥣과 동물에게 참을 수 없는 유혹이다. 인간은 식사를 마친 후 음식물 쓰레기를 배출한다. 쓰레기 처리 시스템이 확충되기 이전 인간의 거주지는 쥣과 동물에게 음식이 지천으로 널려 있는 천국과도 같았을 것이다. 인간을 포함한 모든 동물은 먹을 것의 유혹에 약하다. 음식 냄새에 이끌린 집쥐와 생쥐의 조상은 야생의 보금자리를 버리고 인간 세상으로 이동했다.

쥣과 동물이 인간 세상에 정착한 사건은 또 다른 야생동물의 삶에도 큰 영향을 미친다. 고양이의 조상들은 수만 년 동

고양이는 자유롭게 돌아다니며 쥐를 사냥한다. 번식력이 강한 쥐에게는 악마지만, 인류에게는 신이 보내준 수호천사다.

안 쥣과 동물에 의존해 살아왔다. 쥐는 고양이에게 밥과 빵, 고기를 합친 존재였다. 그러므로 먹잇감인 쥣과 동물의 이동은 고양이의 삶에 영향을 미칠 수밖에 없다.

고양이의 레이더는 듣는 능력이다. 개에 비해 후각은 뒤지지만, 청각은 월등하게 뛰어나다. 고양이는 사냥감이 내는 작은 소리도 놓치지 않는다. 인간 세상에서 발생한 쥣과 동물의 찍찍거리는 소리가, 고양이가 야생을 떠나 인간이 사는 곳으로 이동한 원인이 된 것으로 추정된다.

요컨대 인간 세상의 불청객인 쥣과 동물이 훗날 인류의 친구가 되는 고양이를 초대한 것이다. 쥐의 초대장에 이끌려 인간 세상을 찾은 고양이는 야생으로 돌아가지 않았다. 고양이도 쥐와 마찬가지로 한 번 발을 디딘 인간 세상에 정착한 것이다.

인간 세상에 정착한 고양이는 거리를 순찰하며 본능에 따라 쥐를 사냥했다. 정착 초기 고양이에게 찾아온 변화는 활동 무대가 수풀이 아닌 마을로 바뀐 것밖에 없었다. 고양이의 삶은 인간 세상에 사는 다른 동물과는 크게 달랐다. 가축이라고 불린 대부분의 동물에게 자유는 사치였다. 가축들은 그저 인간이 시키는 일만 했다.

하지만 고양이는 자신의 의지와 판단에 따라 일했다. 인류가 고양이에게 자유를 허락한 것은 쥐 때문이었다. 먹이를 찾아 계속 돌아다니는 쥐를 잡으려면 고양이의 몸은 자유로워야 한다. 그 결과 고양이는 자유롭게 이동하며 야생의 본능을 버리지 않고 쥐를 사냥할 수 있었다.

쥐는 번식력의 상징과도 같은 동물이다. 쥐 한 쌍이 1년에 얻을 수 있는 자식과 손자가 2,000마리가 넘는다. 그래서 쥐는 십이지十二支에서 쥐를 뜻하는 서鼠가 아닌 아들을 의미하는 자子로 표시된다. 다만, 구서 분야 생태계 최고 전문가 고양이의 활약으로 쥣과 동물은 인간 세상에서 과잉 번식에는 실패한다. 그래서 고양이는 신이 인류에게 보내준 작은 수호천사다.

지금도 길고양이들이 도시의 뒷골목에서 순찰을 돌며 쥐와 동물을 사냥한다. 고양이의 조상들과 인류의 조상들이 맺은 암묵적인 계약은 21세기 현대사회에서도 여전히 유효하다. 고양이가 없는 인간 세상은 쥐와 동물의 천국이 될 수도 있다.

인류에게 항해의 자유를 주다

다른 동물들의 자유를 속박한 인류는 고양이에게 예외적으로 많은 자유를 주었다. 놀라운 사실은 작은 체구의 고양이가 인류에게도 자유를 주었다는 점이다. 고양이가 인류에게 준 자유는 더 큰 세상으로 마음껏 이동할 수 있는 자유다. 사람과 고양이 사이 거래의 원칙인 기브 앤드 테이크가 작용한 것이다.

사람은 다른 대형 동물에 비해 이동 능력이 떨어진다. 신선한 풀을 찾으려 아프리카의 초원지대를 수백 킬로미터씩 이동하는 얼룩말이나 영양 같은 대형 발굽 동물은 물론 먹잇감을 추격하며 수 킬로미터 이상을 질주하는 늑대나 리카온 같은 갯과 동물과도 비교 대상이 되지 않는다.

인류는 한계를 극복하고자 말과 낙타를 이동 수단으로 삼았다. 말과 낙타의 등에 직접 오르거나 물자를 싣고 다니면서 한계를 넘어섰다. 고대 문명의 발전과 문화의 교류에는 이 두 동물의 공헌이 절대적이라고 해도 과언이 아니다. 말과 낙타가 없었다면 인류의 문명 발전은 지금보다 훨씬 뒤처졌을 것이다.

그런데 말과 낙타는 뚜렷한 한계를 가진 동물이다. 강이나 바다 같은 큰물을 건너는 능력이 없다. 말이나 낙타가 수륙양용 차량처럼 바다에서도 기동할 수 있었다면, 인류는 구태여 배라는 거대한 운송 수단을 만들지 않았을지도 모른다. 필요가 발명을 낳는다는 말처럼 인류는 배를 건조한다.

고양이가 인류의 원거리 이동에 기여한 것은 말과 낙타가 한 방식과 전혀 다르다. 말과 낙타가 육체의 힘으로 사람을 도왔다면, 고양이는 날카로운 발톱과 이빨로 큰 도움을 주었다. 고양이의 공헌은 선내船內에서 쥐를 사냥한 것이다.

출항을 앞둔 배는 항구에서 식량을 포함한 많은 물자를 싣는다. 먹을 것이 풍기는 냄새의 유혹에 빠진 쥐는 운명을 건 도박을 한다. 부두와 배를 연결하는 밧줄을 타고 배에 잠입하는 것이다. 쥐는 선내의 창고에서 식량을 축내기 시작한다.

고양이는 배에서 식량을 축내는 쥐를 사냥해 인류가 대항해 시대를 열 수 있는 계기를 마련해주었다. 16~17세기 무역선으로 활약했던 갤리언선galleon船.

쥐가 배에 타면 식량을 축내는 것뿐만 아니라 전염병이 번지고 선체 곳곳에 상처가 난다. 갉는 습성을 가진 쥐에게 배는 최적의 놀이터다. 배는 갉을 것이 많으며 먹을 것도 지천이다. 또한 미로 같은 선내에는 작은 몸을 숨길 곳이 부지기수다.

인간은 안전과 행복을 위해 불청객을 박멸해야 했다. 쥐는 체구가 작아 비좁은 선내에서 잡기가 쉽지 않다. 인류가 제아무리 만물의 영장이라고 해도 구서 작업에서 전문가는 아니다. 이 분야 최고 전문가는 따로 있다.

배에 탄 고양이는 인간의 지시에 따라 움직이지 않는다. 오직 본능이 시키는 대로 행동할 뿐이다. 그 단순한 행동이 원양 항해의 안전성을 높여주었다. 배에서 쥐를 사냥하는 고양이를 함재묘艦在猫라고 한다. 15~16세기 대항해 시대가 열리면서 인류의 삶은 송두리째 바뀌었다. 고양이는 대항해 시대를 여는 데 한 축을 담당했다.

개와 고양이, 인류의 식량을 지키다

개와 고양이는 사이가 나쁜가?

개와 고양이는 야생을 떠나 인간 세상에 정착한 동물이다. 두 동물의 사이가 나쁘다는 선입견이 있지만, 이는 사실과 다르다. 개와 고양이는 의외로 서로를 존중한다. 상대의 영역을 인정하고 가급적 서로의 영역을 침범하지 않으려고 한다.

개와 고양이를 둘러싼 오해는 또 있다. 겉으로 드러난 모습만 보면 개와 고양이는 인간 세상에 무임승차한 동물처럼 보인다. 최근 인간 세상에서 두 동물이 하는 일이라고는 귀가

개와 고양이의 사이가 나쁘다는 것은 선입견이다. 이들은 서로를 존중하며 상대의 영역을
인정하고 침범하지 않는다.

한 주인을 맞아 반기는 일이 전부처럼 보인다. 이 중 육체노
동이라 보이는 일은 주인을 보고 꼬리를 치거나, 주인에게 살
갑게 다가가 자신의 몸을 비비는 정도다.

세간의 인식과는 달리 개와 고양이는 인류의 역사에 적잖
은 영향을 미쳤다. 개와 고양이는 인류의 식량을 축내는 식객
食客이 아니었다. 오히려 개와 고양이는 인류의 식탁을 한층
더 윤택하게 만들어준 동료에 가깝다.

개는 인류의 식량, 그중에도 동물성 단백질 수급에 큰 역
할을 했다. 농경이 시작되기 전 인류는 수렵과 채집에 의존

했다. 손에 잡히는 것이 저녁 식사거리였다. 수렵이나 채집에 실패했다면 그날은 그대로 굶게 된다. 개는 인류의 사냥 도우미였다. 사람보다 후각이 예민하고 발이 빠른 개와 협업을 시작하자 인류의 사냥 성공률은 크게 개선되었다.

신석기 혁명을 계기로 농경과 정착의 시대가 왔다. 인류가 농경과 정착을 새로운 삶의 방식으로 채택하자 동물성 단백질을 얻는 방법도 달라졌다. 그전에는 육류를 구할 수 있는 방법이 사냥뿐이었다. 하지만 신석기시대 이후 목축이 시작되면서 인류가 동물을 키워서 잡아먹게 되었다.

개는 사냥꾼을 따라 사냥터에 동행하거나, 소나 양을 치는 목동을 도우며 인류의 단백질 공급에 일조하기도 했다. 개 덕분에 사람들은 붉은 고기red meat를 한결 풍성하게 즐길 수 있게 되었다.

개는 목숨을 걸고 가축을 지킨다

인류 역사에서 축산업은 식생활의 대전환이었다. 인류는 야생동물을 개량해 소, 양 등의 가축으로 만들었다. 가축을 키워 고기를 얻거나 젖을 채취하는 식으로 단백질 공급 방식을 다양화한 셈이다. 단백질 섭취의 패러다임이 바뀌었다고 볼 수 있다. 축산업은 사냥에 비해 실패 확률이 낮았다. 그만큼 인류는 육류를 더 안정적으로 수급할 수 있게 되었다.

인류의 단백질 공급 정책이 축산업 위주로 변하자 일부 사냥개나 집을 지키던 번견番犬은 직업을 바꾸었다. 가축을 지키는 목양견牧羊犬이 된 것이다. 개의 넓은 시야와 하루 종일 뛰어도 지치지 않는 체력은 이 일에 제격이다. 풀을 뜯는 소나 양 같은 초식동물에게는 넓은 목초지가 필요하다. 목축에 성공하려면 초식동물을 단순히 목초지에 풀어놓기만 해서는 안 된다. 초원에는 풀만 있는 것이 아니기 때문이다. 인간이 기르는 초식동물을 노리는 늑대나 곰 같은 맹수도 많다.

풀을 뜯던 초식동물이 무리에서 낙오되는 일도 막아야 한다. 혼자 떨어진 가축은 쉽게 포식자의 먹잇감이 된다. 1~2마리를 기를 때라면 사람이 동물을 지킬 수 있다. 안전한 곳에 자리 잡고 가축이 시야에서 벗어나지 않도록 지켜보면 된다. 그러나 동물이 20~30마리가 넘어가게 되면 사정이 달라진다. 초식동물은 풀을 먹는 양이 많아 계속 자리를 옮겨주어야 한다. 이동 중에는 한 마리, 한 마리 다른 곳으로 새지 않도록 신경을 써야 한다. 사람의 시야와 운동 능력으로는 불가능에 가깝다.

가축을 지키는 일이니 목양은 수비수가 할 일이라 보기 쉽다. 그렇지만 인류의 식량 생산을 돕는 일을 하는 가축을 공격수, 식량을 지키는 일을 하는 동물을 수비수라고 가정하면 목양은 공격수의 일이다. 목축은 식량을 생산하는 활동이고 개는 목양을 통해 이를 돕기 때문이다.

목양은 생각보다 거친 일이다. 개는 목숨을 걸고 그 임무를 수행한다. 목양견은 맹수가 등장하면 주인의 재산인 가축을 지키기 위해 여러 방법을 동원한다. 여우나 담비 등 개보다 몸집이 작은 포식자라면 직접 싸워 쫓아낸다. 자신의 힘으로 감당할 수 없는 크기의 맹수가 나타난다면 목청껏 짖는다. 주인에게 위기 상황을 알리기 위해서다. 주인이 올 때까지 개는 도망가지 않고 야생동물에게 맞서 가축을 지킨다.

개가 자신보다 강한 대형 포식자와 대치할 수 있는 것은 주인을 믿기 때문이다. 개는 무기를 든 주인이 모든 맹수보다 강하다고 생각한다. 주인이 올 때까지 조금만 더 버티면 가축을 지킬 수 있으니 맹수 앞에 목숨을 내놓고 나선다. 이처럼 충실한 개가 없었다면 인류는 축산업을 계속해나가기 어려웠을 것이다.

가축의 발뒤꿈치를 무는 목양견

오스트레일리아는 미국, 캐나다, 브라질, 아르헨티나와 자웅을 겨루는 손꼽히는 축산 대국이다. 오스트레일리아에서 축산업이 발달한 것은 목양견이 있었기 때문이다. 특히 오스트레일리안 캐틀 도그라고 불리는 목양견이 유명하다.

이 개는 지칠 줄 모르는 체력을 자랑한다. 하루 종일 가축들 사이를 누빌 수 있을 정도다. 오스트레일리안 캐틀 도그는 세상에서 가장 가축을 잘 다루는 개로 꼽힌다. 개의 지시를 따르지 않던 가축이라도 오스트레일리안 캐틀 도그 앞에서는 순한 양이 된다.

오스트레일리안 캐틀 도그는 혈통부터 특별하다. 이 목양견은 야생의 피가 섞였다. 목양견을 품종 개량하는 과정에서 오스트레일리아 야생 들개인 딩고dingo와 개의 교잡交雜이 이루어졌다. 오스트레일리아의 초원은 유럽과는 규모가 다르다. 이주민과 함께 유럽에서 건너온 목양견은 넓은 초원을 감당하기에는 역부족이었다.

딩고는 지금부터 3,000~4,000년 전 동남아시아에서 오스트레일리아로 사람들이 이주하는 과정에서 그들과 함께 배를 타고 이동한 것으로 추정된다. 대륙과 연결되지 않은 거

오스트레일리안 캐틀 도그는 지칠 줄 모르는 체력을 자랑하는 목양견이다. 이 개는 하루 종일 가축들 사이를 누빌 수 있을 정도다.

대한 섬인 오스트레일리아에는 늑대나 표범 같은 대형 포식자가 없다.

신대륙에서 사람과 떨어져 야생의 본능을 되찾은 딩고는 자연스럽게 최상위 포식자로 등극했다. 딩고의 유전자에는 대륙을 누비며 사냥하던 체력과 야생에서 키운 임기응변이 각인되어 있다. 사람을 잘 따르는 개와 야생 들개의 유전자가 섞이며 최고의 목양견이 탄생하게 된 것이다.

오스트레일리안 캐틀 도그의 비밀 병기는 가축의 발뒤꿈치를 무는 기술이다. 가축이 통제에 따르지 않고 자기 멋대로 굴면 오스트레일리안 캐틀 도그는 그런 가축들만 골라 발뒤꿈치를 살짝 물거나 무는 시늉을 한다. 그러면 겁이 많은 가축은 혼비백산하며, 개의 지시를 따르게 된다.

모든 가축의 발을 물 필요는 없다. 지시를 불이행하는 몇 마리만 혼내주면 된다. 이를 본 다른 가축들은 알아서 행동을 조심하게 된다. 이 같은 발뒤꿈치 물기 기술 때문에 이 개는 오스트레일리안 힐러australian heeler 또는 블루 힐러blue heeler라고 불리기도 한다.

모든 쥐를 소탕하라

고양이는 개와 역할이 달랐다. 고양이는 사람들이 농사를 지어 확보한 곡물의 손실을 최소화하는 일을 맡았다. 통상 축구 경기에서 수비수보다 공격수가 눈에 띈다. 득점의 주인공이기 때문이다. 점수를 지키는 수비수도 중요하지만 상대적으로 빛을 보기 어렵다.

동물도 마찬가지다. 고양이가 하는 일은 개의 사냥이나 목양에 비해 빛이 나지 않는다. 생산이 아닌 현상 유지가 목표였기 때문이다. 지키는 대상도 고기가 아닌 비교적 풍부한 곡물이다.

2005년 작고한 피터 드러커Peter Drucker는 경영학의 아버지라고 불린다. 그의 손이 닿지 않은 분야가 없을 정도로 경영학에서 그의 영향은 지대하다. 그는 1954년 『경영의 실제The Practice of Management』라는 책을 통해 '목표 관리Management By Objectives, MBO'라는 개념을 설명한다. MBO는 관리자가 근로자와 목표에 대해 합의한 뒤, 그 목표 달성 방식은 해당 근로자에게 일임하는 경영 기법이다. 지금도 수많은 기업이 직원을 평가하는 기준으로 MBO를 사용한다.

사람과 고양이 사이에 MBO를 도입하면, 고양이는 직원

고양이에게는 '창고의 곡식이 쥐의 침입으로 축나지 않도록 창고 근처의 설치류를 모두 소탕하라'는 임무가 부여되었다.

이 되고 사람은 관리자가 된다. 관리자인 사람과 직원인 고양이가 합의한 목표는 '창고의 곡식이 쥐의 침입으로 축나지 않도록 창고 근처의 설치류를 모두 소탕하라'는 것이었다. 쥐는 야행성이라 인간이 잠든 사이를 틈타 곡물을 노린다. 고양이는 자신이 부여받은 목표를 완수하기 위해 밤을 낮 삼아 열심히 인간의 곡물 창고를 노리는 동물을 단죄해왔다.

그동안 인류가 먹었던 붉은 고기는 목동과 목양견의 공동 생산물이라 볼 수 있다. 마찬가지로 인류가 소비한 곡물도 사람과 고양이의 협업 성과다. 사람은 농사를 지어 곡물을 생산하고 고양이는 작은 동물의 곡물 약탈을 막는다. 고양이도 개에 못지않게 인류의 식량 확보에 기여한 셈이다.

사람들의 창고를 노리는 설치류는 체구가 상당히 작고 숫자가 많다. 작고 날쌘 쥐를 잡기 위해서는 큰 체구가 외려 불편하다. 고양이는 작지만 유연하고 날랜 몸을 이용해 쥐를 빠르게 잡아낸다.

그러나 고양이의 습성 때문에 세운 공에 비해 대우를 못 받는 측면도 있다. 고양이는 사냥 업적을 과시하는 성향이 있다. 그래서 주인의 눈에 잘 띄는 현관문 앞이나 창가 근처에 쥐나 작은 새의 사체를 전시하기도 한다. 고양이를 풀어놓고 키우는 사람이라면 한 번쯤은 경험했을 일이다. 문제는 주인이 고양이의 전시를 즐기지 않는다는 점이다.

개가 혼자 사냥을 나가 꿩·토끼·사슴 같은, 사람이 먹을 수 있는 동물을 잡아 현관문 앞에 늘어놓았다면 주인의 태도는 전혀 다를 것이다. 주인은 개를 크게 칭찬하고 개는 성과에 대한 보상으로 그날 저녁 밥그릇에 특식을 받을지도 모른다.

반면 고양이가 잡은 설치류의 사체는 사람이 먹기에는 적합하지 않다. 쥐는 크기가 작은 데다 전염병을 옮길 수도 있어 먹어서는 안 된다. 주인이 보기에 작은 동물의 사체는 징그럽고, 더럽고, 불결한 존재다. 주인이 치워야 할 쓰레기만 늘어난 셈이다.

주인의 박한 평가와는 달리 고양이가 쥐를 죽이는 일은 인류의 생존율을 올리는 데 일조했다. 설치류는 전염병의 매개체가 되기도 한다. 14세기 유럽에서 약 1억 명의 목숨을 앗아간 흑사병을 옮긴 것도 쥐였다. 고양이는 창고지기로 일하면서 덤으로 쥐를 매개로 하는 악성 전염병의 유행을 억제하는 임무까지 맡았다.

사람들이 사는 세상은 쥐에게는 먹을 것이 지천으로 넘치는 천국과도 같다. 사람들이 버리는 음식물 쓰레기는 쥐에게는 뷔페식당이나 마찬가지다. 공짜 뷔페가 열리는 인간 세상은 온갖 설치류를 모았다. 고양이가 없었다면 쥐의 개체수를 효과적으로 제어할 수단이 없었을 것이다. 고양이는 식량 창고를 지키는 초병哨兵인 동시에 쥐를 매개로 하는 전염병 창궐의 보루堡壘다.

서벌, 카라칼, 치타, 고양이는 어떻게 사냥하는가?

귀로 먹잇감을 찾다

고양잇과 동물의 사냥이라고 하면 먼저 떠오르는 것은 사자, 호랑이, 표범, 재규어 같은 대형 맹수다. 이들은 그 덩치에 걸맞게 사냥감의 체구도 크다. 물소, 사슴, 가젤 등 대형 초식동물을 잡아먹는다. 고양잇과 동물은 큰 사냥감의 뒤로 조심스레 다가가 단숨에 제압한다. 등 위에 올라타거나 앞발로 붙잡은 뒤 날카로운 송곳니를 목에 박아 넣는다.

중소형 고양잇과 동물은 육중한 친척과는 처지가 다르다.

이들에게 사슴이나 가젤은 그림의 떡이다. 그렇다고 사냥 실력이 떨어지는 것은 아니다. 작은 고양잇과 동물도 자신에게 맞는 작은 사냥감을 노린다.

체중이 10킬로그램 내외인 서벌은 아프리카 사하라 이남 열대 초원 사바나가 고향인 고양잇과 동물이다. 고양잇과 동물 중 체중 대비 다리 길이가 가장 긴 편에 속한다. 긴 다리를 이용한 점프가 서벌의 무기다. 도움닫기 없이 뒷다리 힘만으로 2~3미터는 가뿐하게 뛰어오른다.

서벌의 도약력은 새 사냥에 적합하다. 낮게 나는 새에게 서벌이라는 새 전문 사냥꾼은 공포의 대상이다. 작은 새를 잡아먹는 포식자들은 보통 높은 곳에서 먹잇감을 노린다. 맹금류는 작은 새보다 높은 곳을 날다가 급강하해 사냥감을 공격한다.

그래서 새들은 자신보다 위 혹은 같은 높이의 습격에만 대비하는 경우가 많다. 갑자기 땅에서 솟구치는 서벌의 기습 공격을 새가 대비하기는 어렵다. 작은 새에게 서벌은 저승사자나 다름없다.

갯과 동물과 곰과 동물은 사람보다 수십 배 이상 예민한 후각을 가지고 있다. 수 킬로미터 밖의 먹잇감 냄새도 코로 찾아낼 수 있다. 고양잇과 동물은 갯과 동물이나 곰과 동물과

서벌은 새가 내는 소리에 굉장히 민감하다. 새의 날개와 풀이 부딪치는 소리는 서벌에게 구원의 종소리와 같다.

는 다른 방식으로 사냥감을 찾는다. 고양잇과 동물은 후각 대신 청각을 백분 활용한다. 360도 회전하는 레이더처럼 귀를 돌려가며 사냥감의 움직임을 포착한다.

서벌도 귀로 먹잇감을 찾는다. 사바나에는 나무가 많지 않아 작은 새들은 풀숲에 몸을 숨기고 더위와 천적에게서 자신을 지킨다. 서벌에게는 먹잇감이 풀숲에 숨은 셈이다. 그래서 배고픈 서벌은 풀숲에서 새가 내는 소리에 굉장히 민감하다.

아무리 풀숲에 숨은 새라도 날려면 날개를 펴고 움직여야 한다. 그러면 새의 날개와 풀이 부딪친다. 그 순간 작은 소음이 발생한다. 이 소리는 풀숲에 숨어 먹잇감을 찾던 서벌에게는 구원의 종소리와 같다. 서벌은 이 소리를 듣자마자 새 사냥을 시작한다.

서벌은 새가 내는 소리에 귀를 기울이며 빠르게 자리를 잡는다. 새가 날아오르자마자 소리가 들리는 쪽으로 높게 뛰어오른다. 그러고는 날아오른 새를 앞발로 후려친다. 배구 선수가 배구공을 스파이크하듯 서벌은 새를 앞발로 찍어 내린다. 서벌의 공격은 작은 체구의 새에게는 치명적이다. 한 번의 공격에 새는 다시 날 수 없을 정도의 상처를 입는다. 예민한 청각, 뒷다리 힘으로 하는 점프, 고양잇과 동물 특유의 앞발 펀치가 서벌의 새 사냥 성공 공식이다.

서벌은 사바나를 대표하는 아름다운 동물이다. 멋진 무늬와 늘씬한 몸매, 부담스럽지 않은 적당한 크기는 인간의 심미안을 자극하기에 충분하다. 그래서 호기심 많은 사람들은 서벌 수컷과 타이 출신 샴고양이 암컷을 교배해 '사바나 캣 savannah cat'이라는 이국적인 고양이를 만들어냈다. 그런데 야생동물을 반려동물 개량 작업에 사용하는 것이 과연 바람직한 일인지는 의문스럽다.

체중을 실어 앞발로 타격하다

서벌처럼 새 사냥에 능한 고양잇과 동물이 하나 더 있다. 바로 카라칼이다. 카라칼과 서벌은 수백만 년 전 공통 조상에서 갈라졌다. 카라칼과 서벌은 먼 친척이지만 외모가 전혀 딴판이다. 카라칼은 서벌보다 체중이 2배가량 무겁다. 체중 20킬로그램의 카라칼은 사자와 호랑이와 표범 등을 제외하면 고양잇과 동물 중에서 큰 편이다.

서벌이 늘씬한 모델 같다면, 카라칼은 영화 〈터미네이터〉의 아널드 슈워제네거Arnold Schwarzenegger처럼 온몸이 근육질이다. 타고난 근육 덕분인지 카라칼은 표범처럼 환경 적응 능력이 뛰어나다. 서벌은 사바나에만 서식하지만 카라칼은 사바나는 물론 중동, 중앙아시아, 인도에도 살고 있다. '사막스라소니'라는 별칭도 갖고 있다.

카라칼은 서벌과는 다른 방법으로 사냥한다. 서벌의 새 사냥이 높이뛰기라면 카라칼의 사냥은 멀리뛰기와 비슷하다. 멀리뛰기는 속도, 무게, 민첩성이 조화를 이루어야 좋은 기록을 내는 종목이다. 탄탄한 체구의 단거리 선수들이 멀리뛰기 선수를 겸업하는 경우가 더러 있다.

미국 육상계의 독보적 스타인 단거리 육상 선수 칼 루이스

카라칼의 새 사냥은 멀리뛰기와 비슷하다. 카라칼이 체중을 실어 앞발로 타격하면 새는 정신을 잃는다.

Carl Lewis가 대표적이다. 그는 1984년 LA 올림픽부터 1996년 애틀랜타 올림픽까지 단거리 달리기 종목으로 4번의 올림픽에서 금메달 9개, 은메달 1개를 수상했다. 멀리뛰기에서도 발군의 실력을 선보였다. 올림픽 멀리뛰기 4연패 기록을 가지고 있다. 주전공이 단거리인지, 멀리뛰기인지 헷갈릴 정도다. 카라칼도 뛰어난 단거리 달리기 선수다.

카라칼은 몸을 채운 근육을 활용해 최고 시속 80킬로미터까지 순간적으로 달릴 수 있다. 사냥에서는 달리기가 아닌 멀리뛰기를 이용한다. 카라칼은 낮게 나는 새를 발견하면, 서벌과는 다르게 그 자리에서 공중으로 뛰지 않는다. 근육질의 칼 루이스가 멀리뛰기 하는 것처럼 빠른 속도로 도움닫기 후 하늘을 향해 점프한다. 최대한 멀리 그리고 되도록 높이 하늘을 가른다. 공중에 솟아오른 카라칼은 고양잇과 동물이 아닌 날개 달린 맹금류처럼 보이기도 한다.

카라칼은 사냥감을 공중에서 만나면 뛰어오른 가속도를 이용해 앞발을 내밀어 내려친다. 아프리카의 타조나 오스트레일리아의 에뮤 같은 사람보다 큰 초대형 주조류走鳥類(날개가 불완전해 날지 못하는 새)가 아니라면 대부분의 새는 카라칼이 체중을 실어 앞발로 타격하면 정신을 잃는다.

사냥감의 무게중심을 무너뜨리다

서벌과 카라칼은 새 사냥을 하면서 앞발을 손처럼 사용한다. 두 동물에게 앞발은 사냥 성공을 결정하는 킬러앱이다. 자신보다 작은 동물을 주로 사냥하기에 앞발만 이용해도 손쉽게 사냥감을 움직일 수 없게 만든다.

치타도 사냥할 때 서벌이나 카라칼처럼 앞발을 사용한다. 치타는 보통 자신과 몸집 차이가 크지 않은 가젤과 임팔라 등을 잡아먹고 산다. 서벌이나 카라칼처럼 치타가 앞발로 이들을 내려친다 해도 큰 상처를 입을 것 같지는 않다. 치타는 자신의 앞발로 사냥감의 무게중심을 흔들어놓는다. 치타는 시야가 탁 트인 사바나에서 시속 100킬로미터로 질주하는 톰슨가젤이나 스프링복 같은 스프린터를 주로 사냥한다.

사자나 표범은 몸집은 크지만 톰슨가젤과 스프링복이 도망가면 잡을 방법이 없다. 늑대나 리카온 같은 갯과 동물은 느린 발로도 스프린터를 잡아먹는다. 이들은 먹잇감이 지쳐 쓰러질 때까지 무리를 이루어 추격한다. 갯과 동물은 사냥감이 더는 뛸 힘이 없을 때까지 강하게 밀어붙인다. 그것이 체력이 강한 갯과 동물의 전통적인 사냥 방식이다.

치타는 폭발적인 속도로 사냥감을 순식간에 따라잡는다.

순간 시속 110킬로미터로 단거리 달리기의 최강자인 치타는 사냥감을 순식간에 따라잡는다. 먹잇감이 사정권에 들어오면 앞발을 내밀어 상대의 무게중심을 무너뜨린다.

장거리 추격전은 치타의 사전에는 없다. 그 이유는 치타의 생활 방식이나 체력과 관련이 있다. 치타는 무리 생활을 하지 않는다. 그래서 갯과 동물처럼 체력을 관리하며 교대로 추격전을 펼칠 수 없다.

전력 질주하는 치타의 속도는 순간 시속 110킬로미터로 단거리 달리기의 최강자다. 톰슨가젤 같은 스프린터보다 빠르다. 치타는 먹잇감과의 거리가 사정권射程圈에 들어가면 앞발을 내밀어서 상대의 무게중심을 무너뜨린다. 치타의 앞발 공격을 당한 먹잇감은 발이 돌에 걸린 것처럼 넘어진다. 새가 서벌이나 카라칼의 앞발에 맞으면 땅에 떨어지듯이 스프린터들도 치타의 앞발에 맞으면 바닥에 구르게 된다.

치타는 약탈 대비도 해야 한다. 사냥 못지않게 중요한 일이다. 사바나에는 치타 이외에도 사자와 표범이라는 대형 고양잇과 동물이 있다. 포악한 하이에나 무리도 있다. 이 맹수들은 스프린터를 사냥할 능력이 없다. 도망가는 사냥감을 보며 그저 입맛만 다셔야 한다.

그렇다고 사자나 표범이 가젤의 고기를 못 먹는 것은 아니다. 그들은 기다리기만 하면 된다. 치타가 사냥한 고기를 빼앗아 먹으면 되기 때문이다. 백수의 제왕인 사자도 배고프면 강도가 된다. 약한 맹수가 잡은 사냥감은 자신의 것과 같다.

아무리 제왕이라도 체면보다는 배고픔을 해결하는 일이 더 중요하다.

약육강식의 세계에는 배 속에 고기가 들어갈 때까지 안심할 수 없다. 야생에서는 자신이 사냥한 고기라도 100퍼센트 소유권을 주장할 수 없다. 이 문제를 해결하는 방법은 빠른 속도로 먹이를 배에 우겨넣는 것이다. 힘이 약할수록 마파람에 게 눈 감추듯이 고기를 빨리 먹어야 한다. 그래야지 힘들게 사냥한 식량을 빼앗기지 않는다.

고양이가 사냥하는 새는 5억 마리다

고양잇과 동물의 사냥 본능은 아프리카의 사바나 같은 곳에서만 통용되는 이야기는 아니다. 사람이 기르는 집고양이도 야생의 본능이 남아 있다. 고양이는 귀여운 외모 덕분에 반려동물로도 인기가 높다. 오죽하면 고양이를 기르는 사람들이 자신을 집사라고 낮춰 부를 정도다. 길거리를 배회하는 고양이도 일부 사람들의 사랑을 받는다. 도심에서 길고양이의 엄마(캣 맘)를 자처하며 음식을 주는 사람들을 어렵지 않게 볼 수 있다.

고양이는 귀여운 외모만큼이나 사냥 실력도 뛰어나다. 널리 알려진 것처럼 고양이는 쥐나 다람쥐 같은 설치류 전문 사냥꾼이다. 문제는 설치류 외에 사냥하지 말아야 하는 야생동물도 사냥한다는 점이다. 주로 희생양이 되는 것은 작은 새다. 고양이는 서벌이나 카라칼처럼 새 사냥에 탁월한 재능을 가졌다.

고양이가 사냥하는 새의 개체수는 예상보다 많다. 미국 텍사스주 페로자연사박물관 집계에 따르면 미국에서 연간 고양이가 사냥하는 야생 새는 5억 마리에 이르는 것으로 추정된다. 새를 사냥하는 고양이 중에는 길고양이도 있지만, 주인 있는 집고양이도 있다.

길고양이는 도심 속 야생동물이다. 생존에 필요한 모든 것을 길에서 조달해야 한다. 길고양이의 새 사냥은 먹이를 공수하는 수단 중 하나로 보인다. 집고양이는 길고양이와 사정이 다르다. 주인이 충분한 음식을 제공하니 사냥에 나설 필요가 없다. 집고양이는 사냥 본능 때문에 먹지도 않을 야생동물을 죽인다.

다른 새들을 사냥해 먹는 맹금류에게 달려드는 고양이는 드물다. 아무리 날랜 고양이라고 해도 맹금류에게 덤비다가는 날카로운 발톱과 부리 때문에 자칫 큰 부상을 당할 수도 있다. 대형 맹금류 중에는 작은 고양이를 해칠 수 있는 동물도 꽤 있다.

주인이 고양이의 외출을 허용한다고 해도 새를 재미로 사냥하는 일은 막아야 한다. 그것이 생태계와 주변 환경을 위해 바람직하기 때문이다. 자연환경은 매우 복잡하게 얽혀 있는 전기회로와 같다. 아무 관계가 없을 것 같아 보이는 것도 서로 연결되어 있거나 영향을 미치고 있다. 사람들과 같이 사는 동물 때문에 회로의 흐름이 멈추거나 꼬이면 안 된다.

작은 새는 벌레를 잡아먹어 나무에 해를 끼치는 해충의 수를 조절한다. 작지만 매우 소중한 역할이다. 작은 새들이 고양이로 말미암아 피해를 보게 되면, 주변 숲이나 농경지에도 피해가 발생하기 마련이다.

중국의 대약진운동(1958~1960년) 때 참새 박멸 사건 부작용이 대표적인 예다. 당시 마오쩌둥毛澤東이 농촌에 현지 지도를 나선 것이 화근이었다. 농촌의 참새를 보고 마오쩌둥이 '해로운 새'라고 지적하자, 1958년 중국 전역에서 참새 박멸운동이 벌어졌다. 참새로 인한 곡식 피해를 줄이겠다는 명목이었다. 1년간 중국인이 잡은 참새는 2억 1,000만 마리였다. 중국에 사는 참새가 멸종 위기에 이를 지경이었다.

중국인들은 참새가 벌레도 먹는다는 사실을 간과했다. 이

少先队员们！小朋友们！
为消灭麻雀·增产粮食而斗争！

마오쩌둥이 참새 박멸 운동을 지시하자 참새의 주식인 해충이 전국적으로 창궐해 중국 전역에 기근이 발생했다. 1950년대 후반 중국의 참새 박멸 선전 포스터.

듬해 참새의 주식인 해충이 전국적으로 창궐했다. 이 밖에 다른 이유가 겹치면서 중국 전역에 기근이 발생했다. 학계 추산 최소 3,000만 명 이상이 아사했다. 작은 새는 이렇게 환경적·경제적으로 소중한 존재라고 할 수 있다.

　새의 불필요한 살생을 예방하면서도 집고양이의 외출을 허용하는 방법이 있다. 고양이 목에 방울을 채우는 것이다. 그러면 고양이의 외출로 인해 발생하는 살생의 대부분을 예방할 수 있다. 야생동물은 청각이 예민하다. 그래서 고양이

목에서 나는 방울 소리만 듣고도 충분히 위험에서 벗어날 수 있다. '고양이 목에 방울 달기'라는 전래동화가 가르쳐주듯 방울을 달고 있는 고양이는 야생동물에게 두렵지 않은 존재가 될 수도 있다.

사향소와 라쿤은 어떻게 살아남는가?

소처럼 생겼으나 영양에 가까운 사향소

사향소는 큰 덩치에 풀이나 이끼만 먹고, 라쿤은 체중 10킬로미터 내외에 아무것이나 잘 먹는다. 서식지도 다른 두 동물은 동물원이 아니라면 얼굴을 마주할 일조차 없는데 두 가지 공통점이 있다. 첫째는 이들이 효과적인 천적 방어 수단을 가지고 있다는 점이다. 둘째는 이 방어 수단이 야생에서만 유효할 뿐 인간을 상대로는 최악의 수단이라는 점이다.

북극권인 그린란드, 캐나다 북부, 미국 알래스카는 사향소의 고향이다. 추운 지방에 살아서인지 사향소는 한국에서 흔히 볼 수 있는 소와는 생김새가 많이 다르다. 우리가 아는 소는 대부분 털이 짧은 단모종短毛種이나 사향소는 털이 덥수룩하다. 뿔 모양도 다르다. 한우는 머리 위쪽에 성인 손바닥 크기의 뿔이 직선으로 솟아 있다. 사향소의 뿔은 곡선이다. 사람으로 치면 이마 부분에서 뿔이 돋기 시작한다. 구부러진 뿔은 이마를 감싸며 머리 뒤로 흐르다가 다시 앞으로 뻗쳐 솟아 있다.

장모종長毛種 소의 일종처럼 보이는 사향소에는 반전이 있다. 사향소는 솟과 동물 중에서 소아과가 아닌 영양아과에 속한다. 아과亞科는 생물 분류 단계 중에서 과科의 아래, 속屬의 위에 있다. 외모는 소와 비슷하지만, 그 피는 영양 혹은 가젤에 가깝다.

번식기가 되면 수컷 사향소는 암컷 사향소를 유혹하기 위해서 향을 발산한다. 수컷의 얼굴에는 안면샘facial gland이 있는데, 이곳에서 특유의 향을 분비한다. 눈 밑에 있는 분비선이라서 안하선眼下線이라고도 하는 곳이다. 이 냄새는 수백 미터 밖까지 번져나가 암컷의 코에 닿는다.

냄새는 영역 표시에도 쓰인다. 사향소를 포함한 영양류의 동물은 안하선에서 독특한 냄새를 분비한다. 발굽 동물인 영양은 냄새로 출입 금지 안내판을 쓴다. 수컷들은 나무나 바위 같이 주변에 잘 노출된 곳에 안하선을 문지른다.

최선의 방어는 공격이다

북극곰도 사향소의 생존을 위협한다. 하지만 걸음이 느린 북극곰은 사향소에게 그리 위협적이지는 않다. 북금곰을 포함한 추운 곳에 사는 온혈 동물은 다른 지역의 동종보다 덩치가 크다. 이런 경향을 베르그만의 법칙이라고 한다. 북극곰도 다른 따뜻한 곳에 사는 곰들보다 체구가 크다.

사향소의 천적은 북극늑대다. 많은 단백질이 필요한 북극늑대에게 사향소는 뿌리칠 수 없는 유혹이다. 극지는 다른 온난한 지역에 비해 동물의 종류나 수가 그리 많지 않다. 그러니 체중 400킬로그램의 사향소는 한꺼번에 많은 단백질을 공급받을 수 있는 소중한 식량이다.

사향소는 북극늑대 무리가 나타나도 도망가지 않는다. 사향소 무리는 럭비 선수들처럼 스크럼을 짠다. 강력한 뿔과 단단한 두개골로 무장한 사향소들이 머리를 내민다. 고대 그리스의 중갑重裝 보병들이 방패로 온몸을 보호하고, 적진을 향해 창을 내미는 것과 비슷한 밀집 방어 진영을 꾸리는 것이다.

사향소 무리는 결속력이 매우 강하다. '아무도 적진에 남기지 않는다No one left behind'는 미군의 모토를 떠올리기에 충분하다. 사향소가 북극늑대 무리의 공격을 버티는 것은 새끼 때문이다. 성체에 비해 발이 느린 새끼들은 어른들의 방어막이 없다면 북극늑대의 이빨을 피하기 어렵다.

천적과 대치하는 최전선에 나선 사향소의 얼굴에는 북극늑대의 이빨 자국이 생기고, 살이 찢어지며, 피가 흐른다. 하지만 사향소 무리는 물러나지 않는다. 새끼를 지키기 위해 스크럼을 유지한다. 성체들의 몸으로 만든 방어 진지 안에 어린 새끼들이 몸을 숨긴다. 그 안에 있으면 새끼들은 안전하다. 내일을 맞을 수 있다.

이는 전적으로 어른의 희생과 용기 덕분에 가능한 일이다. 제대로 된 어른이라면 자신의 이익만 챙기지 말고 다음 세대의 안전과 번영을 위해 성체 사향소들처럼 기꺼이 자신을 희생해야 한다. 사향소는 이 같은 덕목을 인간에게 가르치는 위대한 동물이다.

사향소 무리가 북극늑대들의 등장에 지레 겁먹고 도망쳤다면, 어린 새끼들은 내일을 기약하기 어려울 것이다. 모든 포유동물의 새끼는 젖을 먹이는 어미의 뒤를 따라 도망치는 본

사향소가 북극늑대 무리의 공격을 버티는 것은 새끼 때문이다. 이들은 새끼를 지키기 위해 스크럼을 짜며 물러나지 않는다.

능이 있다. 하지만 그런 습관은 단독 사냥이 아닌 북극늑대같이 무리로 사냥하는 포식자에게는 통하지 않는다. 포식자들이 새끼를 어미에게서 분리하면 상황이 종료되기 때문이다.

새끼를 노리는 포식자들은 흥분 상태인 어미를 앞뒤로 물면서 공격한다. 이런 혼란스러움이 지속되면 제아무리 모성애가 강한 어미라도 새끼와 물리적 거리가 발생하게 된다. 바로 그 순간 새끼는 북극늑대 무리의 손쉬운 먹잇감이 된다. 방어 수단이 없는 새끼가 포식자를 상대로 저항하는 것은 불가능한 일이기 때문이다. 사자 무리가 물소 새끼를 사냥하거나, 북극늑대 무리가 아메리카들소 새끼를 사냥할 때 이 방법을 사용한다.

'최선의 방어는 공격이다'라는 말이 있다. 이는 사향소 무리가 새끼를 지켜서 지속 가능한 사향소의 미래를 만드는 데도 적용된다. 사향소들은 북극늑대 무리의 공격에 겁을 먹고 도망치기보다는 오히려 용기를 내서 힘으로 맞부딪친다. 무리의 힘으로 북극늑대 무리를 공격한다고 볼 수 있는 대목이다. 그것이 사향소의 승산 있는 생존 전략이다.

그런데 적을 맞아 집단으로 대항하는 사향소의 전술은 총을 든 인간에게는 통하지 않는다. 오히려 사향소라는 종의 생존에 부정적인 영향을 미치는 위험으로 작용한다. 사향소가 천적을 보면 도망치는 습관을 가졌다면, 인간들은 사향소를 한 마리씩 추격하면서 사냥해야 하는 수고를 겪었을 것이다.

인간 사냥꾼을 만나도 수십 마리의 사향소는 스크럼을 짜고 그 뒤에 새끼들을 둔다. 그리고 움직이지 않은 상태에서 사냥꾼의 움직임을 주시한다. 고전적인 방어 태세 탓에 사향소는 인간에게 손쉬운 사냥감이 되었다. 이런 현상은 비단 사향소에게만 국한된 것이 아니다. 집단의 유대 의식이 강한 동물인 아메리카들소도 비슷하다.

사향소의 이러한 집단 방어 전술은 북극늑대들에게 대단히 효율적이다. 하지만 인간 사냥꾼에게는 이런 전술은 의미가 없다. 그래서 대자연의 도도한 질서에 인간이 개입하면 안 되는 것이다. 전혀 예측하지 못하는 뜻밖의 상황이 발생할 수도 있기 때문이다.

먹이를 물에 씻어 먹는 라쿤

라쿤은 여러 동물의 특징을 고루 가지고 있다. 외모는 갯과 동물인 너구리와 비슷하다. 그래서 아메리카너구리라고 불리기도 한다. 시각에 따라서 곰과 비슷하게 보이기도 한다.

중국이나 일본 등 한자문화권에서는 완웅浣熊이라고 한다. 완浣은 '물에 씻다', 웅熊은 '곰'을 의미한다. 완웅이란 이름이 붙은 것처럼 라쿤은 주변에 물이 있으면 먹이를 그냥 먹지 않고 씻어 먹는다.

라쿤은 식성이 까다롭지 않다. 음식을 가리지 않는다. 라쿤의 입맛은 잡식동물의 먹성 전형인 멧돼지와 유사하다고 볼 수 있다. 이런 특징 덕분에 라쿤은 고향인 북미의 숲을 벗어나도 잘 적응한다. 유럽이나 아시아에 진출한 라쿤은 그곳의 숲이나 농경지에서 자신의 고향처럼 번창하고 있다. 그러므로 집에서 키우던 라쿤을 자연에 방생하면 안 된다. 자칫 해당 생태계에 돌이키기 어려운 재앙으로 이어질 수 있는 일이기 때문이다.

높은 곳을 잘 오르는 라쿤의 능력은 영장류인 원숭이에게도 뒤지지 않는다. 라쿤은 숲속의 나무는 물론 주택가의 지붕이나 담장을 오르는 데 선수다. 이는 라쿤에게 여반장如反掌과 같은 일이다. 미국의 단독주택에서는 심심찮게 지붕 위에 있는 라쿤을 볼 수 있다. 라쿤은 이런 재주를 비상시에 활용한다. 덩치 큰 동물이 자신의 뒤를 추격하면 어김없이 나무 같은 높은 곳에 몸을 피해 위기를 탈출한다.

대부분의 야생동물은 계속 확대되는 인간의 생활 영역 때문에 서식지가 줄어들고 있다. 라쿤은 그런 경향에서 예외적인 존재다. 오히려 자신들의 무대를 넓히고 있기 때문이다. 라쿤은 기존 서식지인 숲에서도 여전히 살고 있지만, 사람들의 거주지인 도시에서도 산다. 미국 주택가에서 라쿤을 만나는 것은 신기한 일도 아니다. 한국의 도시에서 길고양이를 만날 확률과 비슷한 수준이다. 미국의 고속도로에서 운전을 하다 보면, 심심찮게 로드킬을 당한 라쿤을 볼 수 있다. 그만큼 개체수가 많다는 것이다.

라쿤의 개체수가 늘어나고 활동 영역이 팽창한 이유 중 하나는 생태계에 라쿤의 개체수를 조절할 만한 포식자 수가 감소했기 때문이다. 북미 야생에서 라쿤의 천적은 퓨마·늑대·곰 같은 대형 맹수인데, 이 같은 포식자들은 이미 수백 년 전부터 인간의 손에 의해 지속적으로 개체수가 줄었다.

과잉 번식하고 있는 라쿤 중 일부는 도시로 계속 이주한다. 야생에서 과잉 번식한 멧돼지가 도심에서 출몰하는 한국과 비슷하다. 한국의 야생에서 멧돼지를 제어할 수 있는 천적은 늑대·표범·호랑이지만, 이들은 이미 야생에서 절멸했다. 미국에서는 전체 라쿤의 40퍼센트 이상이 도시를 보금자리로 삼고 있다는 연구도 있다.

도시에서 삶을 꾸린 라쿤은 여러 문제를 일으키며 말썽꾸

라쿤이 높은 곳을 잘 오르는 능력은 원숭이에게 뒤지지 않는다. 숲속의 나무는 물론 주택가의 지붕이나 담장을 오르는 데 선수다.

러기의 입지를 굳히고 있다. 한국과는 달리 미국의 주택은 도로 쪽에 건물이 있고, 마당은 뒤에 있다. 이 마당을 백야드 backyard라고 한다.

미국인들은 평일에는 백야드에 반려동물을 풀어놓고 같이 놀기도 하고, 자신이 좋아하는 식물을 재배하기도 한다. 주말이면 그곳에서 친지들과 함께 바비큐 파티를 벌이며 맥주를 즐기기도 한다. 그것이 미국 중산층의 평범한 일상이다. 문제는 주택가에 침투한 라쿤도 미국인 못지않게 백야드를 소중한 공간으로 생각하고 있다는 점이다.

라쿤은 사람들이 정성껏 가꾸는 백야드의 식물을 식용이나 놀이 목적으로 마구 훼손한다. 또한 그곳에서 노는 개나 고양이의 밥을 훔치기도 하고, 심지어 그들과 한바탕 싸움을 벌이기도 한다. 반려동물은 인간의 보호 아래 비교적 편하게 산다. 먹이를 구하기 위해 야생동물처럼 힘들게 사냥할 필요도 없다. 사나운 야생동물인 라쿤과 싸움 경험이 거의 전무한 반려동물의 싸움은 일방적일 수밖에 없다.

반려동물은 라쿤과 싸워서 얻을 것이 하나 없다. 북미에서는 라쿤을 광견병을 전파하는 매개동물이라고 본다. 라쿤 때문에 반려동물이 다치거나 전염병에 노출될 가능성이 있는 것이다. 그 피해는 고스란히 주인에게 전가되기 마련이다. 라쿤과 불필요한 싸움 때문에 반려동물이 다치면 그 치료 비용은 주인이 감당해야 한다. 그래서 자신의 집 뒷마당에 라쿤이 출몰하기라도 하면 대부분의 미국인들은 급히 내쫓아버린다.

라쿤의 천적은 사냥꾼과 쿤하운드

천적도 사라졌으니 라쿤의 과잉 번식을 막을 동물은 총을 든 사람뿐이다. 추수가 끝난 10월 말이 되면 미국의 농촌 지역은 사냥철에 접어든다. 라쿤은 모피 때문에 인기가 많은 사냥감이다. 라쿤을 사냥하려면 사냥개가 필요하다. 나무를 타는 라쿤을 인간 혼자서 사냥하기는 역부족이다. 사냥꾼들은 쿤하운드coonhound라고 부르는 사냥개와 함께 나선다. 쿤coon은 라쿤, 하운드hound는 사냥개를 의미한다. 북미에서 개발된 라쿤 전용 사냥개다.

후각이 예민한 개들이 사냥감을 궁지로 몰아넣는다. 사냥개가 뒤를 밟으면 퓨마나 곰 같은 맹수도 위협을 느끼고 도망간다. 사냥개보다 작은 라쿤은 말할 것도 없다. 사냥개를 피하다가 한계에 봉착하면 라쿤은 대대손손 내려오는 전가의 보도를 꺼낸다. 나무 위로 올라가서 몸을 피하는 것이다. 나

라쿤 전용 사냥개인 쿤하운드는 사냥감을 궁지로 몰아넣는다. 이때 라쿤
이 나무 위로 올라가서 몸을 피하면, 그 나무를 쳐다보며 짖어댄다.

무의 제일 높은 곳까지 오른 라쿤은 사냥꾼과 사냥개가 제발 지나가기만을 기다린다. 라쿤은 자신의 앞발을 손처럼 사용하며 지난 수만 년 동안 그렇게 도망을 다녔다.

하지만 라쿤 몰이를 하던 사냥개들은 물러섬이 없다. 라쿤이 숨은 나무에서 위를 쳐다보면서 계속 짖어댄다. 개가 짖는 소리를 따라 사냥꾼이 도착한다. 사냥꾼은 나무 위의 라쿤을 조준해 방아쇠를 당긴다. 날 수 없는 라쿤이 사냥꾼의 총을 피하기는 어렵다.

수만 년 동안 천적의 공격에서 라쿤의 안전을 보장하던 도주 방법은 사향소와 마찬가지로 총을 든 인간 사냥꾼 앞에서는 무용지물이다. 이렇게 인간의 힘은 강력하다. 그 힘이 특정 종을 지구에서 완전히 지워버릴 수 있을 만큼 큰 것이 문제다. 이는 인간이 자연의 질서에 불필요하게 개입해서는 안 되는 중요한 이유가 되기도 한다.

사자와 호랑이 중에서

백수의 제왕은 누구인가?

아프리카 사바나에는 사자, 아시아 밀림에는 호랑이

사자는 다른 동물과 격이 다르다. 만물의 영장인 사람에게서 백수의 제왕이라는 예우까지 받을 정도다. 실체가 있는 왕위는 아니지만, 사람에게 이런 극진한 대우를 받는 동물은 드물다. 인간이 만든 상상의 나라 '동물의 왕국'에서 왕족 자격을 가진 종은 둘밖에 없다. 멋진 갈기를 가진 사자와 화려한 줄무늬의 소유자 호랑이다. 현재 왕위는 사자의 차지지만, 그것이 언제까지 이어질지는 미지수다. 호랑이의 전투력이 무섭기 때문이다.

누구나 챔피언이 되기를 원한다. 성공을 원하지 않는 사람은 없다. 그런데 정상의 자리나 지존의 위치는 제대로 된 경쟁자를 물리쳐야 성취감을 확실히 느낄 수 있다. 무임승차하면 이겨도 찜찜할 뿐이다. 그래서 훌륭한 챔피언에게는 좋은 라이벌이 있다.

고양잇과 동물에는 39개의 종이 있다. 이 정점에 있는 동물이 사자와 호랑이다. 둘 중 어떤 동물이 진정한 맹수의 왕인지를 두고도 설왕설래가 벌어진다. 결판은 쉽게 나지 않는다. 아프리카 사바나에는 사자가, 아시아 밀림에는 호랑이가 활동한다. 사자와 호랑이가 같은 장소에서 맞붙을 가능성이 현저히 낮다. 서로 다른 환경에서 살기 때문에 둘의 먹잇감과 경쟁자가 다르다. 생활환경이 다르므로 그 비교가 객관적일 수 없다. 호랑이의 사냥 성공률이 사자에 비해 몇 퍼센트 높다고 해서 호랑이가 사자보다 낫다고 보기는 어렵다는 이야기다.

사자와 호랑이는 동물원에서야 겨우 얼굴을 맞댄다. 사자와 호랑이 등 맹수를 풀어놓고 기르는 사파리에서는 맹수의 왕좌를 두고 싸움이 벌어지기도 한다. 여기서도 결판은 쉽사리 나지 않는다. 사자가 이길 때도 있지만 호랑이가 이길 때

사자는 만물의 영장인 사람에게서 백수의 제왕이라는 예우를 받지만, 이 왕족 자격을 언제 까지 갖고 있을지는 미지수다.

도 있다. 둘 중 한 종이 절대적 우위를 점하는 경우는 없다.

강자가 약자의 고기를 먹는 약육강식은 자연의 질서다. 식 육목食肉目은 약한 자의 고기를 먹는 강자의 모임이다. 좌장은 '빅 캣'이라 불리는 대형 고양잇과 동물이다. 빅 캣은 놀라운 운동신경과 강력한 근육을 가지고 있다. 이는 훌륭한 사냥꾼 이 되기 위한 기본 조건이다.

고양잇과 동물은 실전에서 유용하게 사용할 수 있는 무기 도 3개나 보유하고 있다. 날카로운 단검 같은 발톱, 단단한 뼈도 부술 수 있는 이빨, 무엇이든 찢을 수 있는 억센 턱이다.

사자와 호랑이가 없는 곳에서는 다른 큰 맹수가 왕 역할을 한다. 사자와 호랑이 다음으로 체구가 큰 고양잇과 동물은 재규어다. 남아메리카 대륙에서 재규어는 맹수의 왕이다. 이곳에는 재규어보다 큰 맹수가 없다. 재규어의 생존을 위협할 수 있는 존재는 무장한 인간뿐이다.

대형 고양잇과 동물이 없는 곳의 왕은 갯과 동물이다. 미국 옐로스톤국립공원의 균형자는 늑대 무리다. 늑대는 엘크 같은 대형 초식동물의 개체수를 조절해 숲의 건강을 지킨다. 재규어는 늑대 무리가 공원에서 하는 역할을 남아메리카 대륙에서 한다.

대형 포식자는 숲에 사는 다른 생물에게 꼭 필요하다. 초식동물의 개체수가 너무 늘어나면 숲의 생태계가 무너질 가능성이 있다. 서식지 파괴나 밀렵으로 대형 맹수의 수가 감소하면 초식동물이 과잉 번식해 식물이 제대로 자라지 못한다.

사자의 라이벌은 하이에나

가상의 왕국인 '동물의 왕국'에서 사자와 왕위를 다투는 호랑이는 제갈량과 자웅을 겨룬 사마의 같은 능력자다. 사자 대신 왕위에 올라도 손색이 없다. 당당한 체구, 화려한 외모, 목소리의 울림인 성량도 멋있다. 어느 것 하나 부족함이 없다.

동물의 왕국을 디자인한 사람들이 본 호랑이의 가장 큰 매력은 체구다. 아무르호랑이는 현존하는 호랑이 아종 중 가장 크다. 아무르호랑이는 100여 년 전까지 한반도의 야생을 시배한 최고 포식자 백두산호랑이와 혈연적으로 같다. 성체 수컷 평균 215킬로그램에 달하는 아무르호랑이는 백수의 제왕인 사자를 포함한 전체 고양잇과 동물 중 가장 크다.

사람들은 왕이라면 멋있어야 한다고 생각한다. 호랑이는 갈기 무성한 수사자가 가진 아름다움에 뒤지지 않는다. 호랑이의 화려하고 멋진 줄무늬는 보는 이의 눈을 호강시킬 정도다. 하지만 사자와 호랑이에게 아름다움은 축복이 아닌 저주와도 같은 면모다. 그들이 가진 아름다움은 자신만의 거실에 이들의 얼굴이나 가죽을 걸어두고 싶은 사람들의 호기심을 자극했기 때문이다. 트로피 사냥trophy hunting의 대상 동물이 된 것이다.

또한 사자와 호랑이의 라이벌 구도는 어색하다는 평가를 피할 수 없다. 라이벌이라면 같은 목표를 쟁취하기 위해 부딪치고 경쟁해야 한다. 하지만 두 동물은 그러지 않는다. 사는 곳이 달라 서로 얼굴을 볼 기회도 없다. 사자에게는 호랑이가 아닌 자연이 만들어준 라이벌이 존재한다. 사자가 지근거리에서 보는 동물이다. 하이에나는 운명이 맺어준 사자의 경쟁자다. 서식지도 겹치고 먹잇감도 같다. 두 동물 사이의 충돌은 불가피하다.

사자와 하이에나는 제법 큰 규모의 무리를 이룬다. 사자 무리의 명칭은 자존심이라는 뜻을 가진 '프라이드'로 멋이 뚝뚝 떨어지는 이름이다. 반면 하이에나 무리는 멋보다 사실적인 면이 강조되는 이름인 '클랜clan'이다. 같은 조상에서 출발한 '씨족공동체'라는 뜻이다.

사람들은 하이에나가 왕의 자질을 갖추지 못했다고 생각한다. 왕이 되려면 체구도 크고, 외모도 출중하고, 목소리도 멋있어야 하지만 하이에나는 그렇지 않다. 그래서 사람들은 하이에나를 사자의 라이벌로 생각하지 않는다. 자세히 살펴보면 다음과 같다.

첫째, 하이에나의 체구는 왕이 되기에 부족함이 있다. 사자와 대립하는 점박이하이에나는 다른 동물들과 달리 암컷이 수컷보다 크고 대장 역할을 한다. 그러므로 수사자의 비교 대상은 수컷이 아닌 암컷이 되어야 한다. 성체 암컷은 60킬로그램 정도로 수사자의 3분의 1, 암사자의 절반 정도에 불과하다.

사자의 '운명이 맺어준 경쟁자'는 지근거리에 있는 하이에나다. 하지만 사람들은 하이에나를 사자의 라이벌로 생각하지 않는다.

둘째, 하이에나의 외모는 사자·호랑이와 현격한 차이가 있다. 물론 미모가 다른 동물과의 싸움에서 우위를 제공하지는 못하지만, 사람들은 동물의 왕이라면 사자와 호랑이처럼 멋있고 아름다워야 한다고 생각한다.

셋째, 하이에나의 목소리는 대단히 독특하고 이상하다. 사람들은 동물의 왕 노릇을 하려면 굵고 낮으면서 멋있는 목소리를 가져야 한다고 생각한다. 하이에나는 그런 면에서 실격이다. 사자나 호랑이는 생태계에서 자신의 영향력을 과시하려는 성향이 있다. 그래서 산천초목도 벌벌 떨게 하는 포효를 부정기적으로 한다. 하지만 하이에나는 그저 낑낑거리며 의사소통을 한다. 듣기도 싫고 거북스럽다.

하이에나의 기만전술

하이에나는 영리한 동물이다. 자신의 부족함을 인정하고 다른 해결책을 찾는다. 하이에나가 인정하는 것은 사자와 개인기량에서 차이가 난다는 점이다. 그래서 하이에나는 대안을 마련했다. 일대일 싸움 대신 무리에서 떨어져 있거나 홀로 사는 사자를 집단 공격하는 것이다. 단순한 전술이다. 하지만 막상 사자가 그런 상황에 빠지면 생명이 위험하다. 그런 싸움의 구도는 하이에나에게 절대적으로 유리하다.

하이에나는 적을 무시하지 않고 존중하는 태도를 보인다. 교만하지 않은 하이에나는 혼자 있는 사자라도 그 사자가 엄청난 전투력을 가지고 있다는 점을 인정한다. 그래서 비록 숫자가 우세해도 바로 윽박지르지 않는다. 차분히 그리고 정해진 절차에 따라 사자를 공격한다.

하이에나는 소비자 선택 이론theory of consumer choice의 합리적인 소비자와 닮았다. 합리적인 소비자는 한정된 소득에서 최대의 만족을 얻기 위해 소비한다. 하이에나 무리는 사자를 공격하면서도 무리가 지불할 희생을 최소화하려고 노력한다.

하이에나는 물론 경제학을 배우지 않는다. 하지만 그 어느 소비자보다 합리적이다. 희생을 줄이기 위해 하이에나들은 사자의 신체 부위 중 전투력이 가장 약한 부분을 찾는다. 그리고 그곳에 그들이 사용 가능한 화력을 쏟아붓는다. 사자의 가장 취약한 부위는 별다른 방어 수단이 없는 신체 뒷부분인 후구後軀(뒷다리를 포함한 몸의 뒷부분)다. 바로 그곳을 하이에나들은 공격한다.

사자의 무기 대부분은 전면에 집중되어 있다. 특히 많은 무기가 장착된 얼굴은 치명적이다. 날카로운 이빨과 강한 턱은 공포의 대상이다. 단검같이 날카롭고 위력적인 발톱이 있는 강력한 사자의 앞발 공격도 하이에나에게는 치명적인 피해를 준다. 고립된 사자에게 쏟아지는 하이에나들의 공격은 방어력이 취약한 후구에 집중된다. 상대의 강점을 피하며 약점을 파고드는 것은 군사 전략가들의 전술과 일맥상통한다.

나폴레옹도 이와 유사한 전술을 전장에서 구사했다. 1805년 아우스터리츠 전투Battle of Austerlitz 당시 나폴레옹은 오스트리아와 러시아 연합군의 중앙 진영이 약하다는 점을 간파하고 과감하게 공격한다. 평소 신임하던 달마시아Dalmatia 공작 장드디외 술트Jean-de-Dieu Soult에게 그곳을 돌파하라고 명령한다. 프랑스군의 급습으로 연합군의 중앙은 무너지고 전세는 단번에 프랑스의 편이 된다.

신중한 하이에나들은 후구를 공격하기에 앞서 사자의 신경을 다른 곳으로 돌리는 기만전술을 펼친다. 하이에나들은 사자의 앞과 뒤에서 흙먼지를 일으키며 정신없이 뛰어다닌다. 이런 행동이 반복되면 사자의 시선과 주의력은 흐트러지게 마련이다.

1944년 6월 6일 연합군은 나치 독일 치하의 프랑스를 해방하고자 7개 사단의 병력을 동원해 노르망디 상륙 작전을

제2차 세계대전 당시 연합군은 노르망디 상륙 작전을 펼치기 전에 독일군의 관심을 분산하기 위해 셰르부르를 먼저 공격하는 기만전술을 펼쳤다. 1944년 노르망디 상륙 작전.

펼친다. 그런데 노르망디에 상륙하기에 앞서 연합군은 프랑스의 서북부 항구도시인 셰르부르Cherbourg를 먼저 공격한다. 그런데 이것은 독일군의 관심을 분산하기 위한 기만전술이었다. 독일군은 연합군의 기만전술에 속아 군의 진영을 변경했으며 연합군은 그 결과 피해를 줄일 수 있었다.

하이에나의 기만전술은 고립된 사자의 혼을 빼놓는다. 사자는 하이에나가 어디서 공격할지 전혀 알 수 없는 공황 상태에 빠지게 된다. 그때 하이에나는 공격을 개시한다. 사자의 후구는 찢어지고, 대지에는 사자의 피가 흥건하게 흐른다. 하이에나는 치악력齒握力이 매우 강한 맹수다. 이런 맹수의 후구 공격이 지속되면 아무리 사자라도 큰 부상을 피하기 어렵다. 야생에서 당한 부상은 죽음으로 가는 고속열차다.

사자왕과 사자심왕

오랜 기간 유럽의 신화나 역사에서 사자는 힘과 용기의 상징이었다. 사자에 대한 유럽인의 긍정적인 인식은 아이러니하게도 고대 유럽에서 사자가 절멸된 것과 관련이 있다. 야생에서 사자가 사라졌으니 사자로 인한 피해가 없었고 반감도 생기기 어려웠던 것이다.

그리스의 최고 신 제우스는 바람둥이였다. 그래서 여신 헤라를 부인으로 두고도 인간 여성과 바람을 피워서 아들인 헤라클레스를 낳게 된다. 헤라는 그 사실을 알고 헤라클레스에게 미치도록 저주를 퍼붓는다. 그리고 저주에 빠진 헤라클레스는 부인과 아들들을 모두 죽이는 만행을 저지른다. 이후 헤라클레스는 자신의 죄를 용서받기 위해 12가지 어려운 과업을 수행하게 된다.

헤라클레스에게 주어진 첫 번째 과제는 사나운 네메아의

사자Nemean Lion를 죽이는 것이었다. 칼이나 활로도 죽지 않는 사자를 자신의 강한 근육의 힘으로 교살絞殺하는 괴력을 보인다. 본의는 아니지만 이를 통해 헤라클레스는 그리스 최고의 장사임을 과시한다.

고대 그리스를 통일한 마케도니아왕조는 사자를 죽인 헤라클레스의 후손임을 주장했다. 물론 진위는 불분명하지만 이런 주장으로 마케도니아왕조는 거대한 사자의 목을 졸라 죽인 용맹한 선조를 둔 가문이 된다. 왕국의 전성기는 페르시아, 이집트, 인도 등 3개 대륙을 정복한 유럽 최초의 정복 군주 알렉산드로스 대왕 때 맞게 된다.

그런데 정복 군주 알렉산드로스에게는 사자와 관련된 출생의 비밀이 있었다. 부왕인 필리포스 2세Philippos II가 알렉산드로스의 친모인 올림피아스Olympias의 몸에 사자가 봉인되는 꿈을 꾸고 알렉산드로스가 태어났기 때문이다. 태몽에 사자가 등장한 셈이다. 결과적으로 알렉산드로스는 사자왕이라는 타이틀을 얻는다.

기독교와 이슬람 문명이 충돌한 십자군전쟁은 살라딘Saladin과 리처드 1세Richard I라는 영웅을 탄생시켰다. 살라딘에 맞설 유일한 기사는 리처드 1세뿐이었다. 그는 살라딘과 일진일퇴의 공방전을 벌이며 사자의 심장을 가진 사자심왕

유럽 최초의 정복 군주 알렉산드로스는 아버지가 어머니인 올림피아스의 몸에 사자가 봉인되는 꿈을 꾸고 태어났다. 그래서 사자왕이라는 타이틀을 갖게 되었다.

The Lionheart으로 추앙받는다. 이후 문학작품 등을 통해 사자심 왕은 영국의 의적 로빈 후드Robin Hood의 절친한 친구로도 변신한다.

호랑이의 라이벌은 용

동아시아에서 호랑이는 유럽에서 사자가 한 역할 일부를 수행했다. 호랑이는 경쟁자인 용과 그 역할을 분점分占했다. 그 이유는 다음과 같다.

첫째, 동아시아에서 호랑이로 인한 피해는 늘 일어나는 일상이었다. 호환虎患이 끊이지 않는데 인식이 긍정적일 수는 없었다. 호랑이는 용기의 상징이나 존경의 대상이 아닌 거대한 공포의 대상이었다.

둘째, 동아시아 자연의 최고 포식자는 호랑이였으나 사람들은 숲속에 사는 호랑이보다는 하늘을 자유롭게 나는 용을 더욱 강력한 존재라고 생각했다. 그러니 용이 호랑이와 함께 또는 호랑이보다 광범위하게 용맹함의 상징이 된 것은 당연한 이치였다.

셋째, 용은 실존하는 동물이 아니어서 피해가 일어날 수는 없었다. 그러니 용에 대한 거부감은 생길 수 없는 일이었다.

동아시아의 많은 왕가王家는 스스로 하늘의 후손임을 자처했다. 천자天子 혹은 천손天孫인 임금은 땅의 제왕인 호랑이보다는 당연히 하늘의 권능을 상징하는 용을 선호했다. 그래서 임금의 얼굴은 용안龍顏, 임금이 정무를 볼 때 사용하는 자리는 용상龍床이라고 했다.

용은 음악이나 미술 같은 분야에서도 활용되었다. 한글을 창제한 세종은 고려를 무너뜨리고 조선을 건국한 것이 하늘

猛
獰
厲
牙
說
教
運
秘
土
東
海

老
黃
公

千
今
欲
虎
橫
行
者
誰
識
八
中

北
顴
同

甲
午
南
吾

동아시아에서 호랑이는 용기의 상징이나 존경의 대상이 아닌 공포의 대상이었다. 호랑이가 등장하는 한국의 민화. (국립중앙박물관 소장)

의 명령인 천명天命임을 알리는 『용비어천가』를 제작하도록
했다. 이 노래의 주인공은 이름에서 알 수 있듯이 '용'이다.
『용비어천가』에는 목조穆祖에서 시작해 태종에 이르는 세종
의 직계 조상이 등장한다. 여섯 왕은 여섯 용을 의미한다. 세
종은 그 여섯 용의 움직임으로 새로운 조선을 만들고 낡은 고
려를 대체했다는 사실을 백성에게 알리고자 했다.

그런 논리로 임금의 다스림에 복종하면 순천자順天者가 되
어 흥하고, 거역하면 역천자逆天者가 되어 망하는 것이었다.
그것은 동아시아 왕국의 전통적인 지배 철학이었다.

소와 개는 **인류의 보호를 받는다**

채집에서 신석기 혁명까지

구석기시대, 인류는 동물을 사냥하거나 조개나 열매를 채집해 식량 문제를 해결했다. 이 같은 생활 방식은 기후나 환경 변화 같은 외부 변수의 제약을 받는다. 기상 조건이 좋지 않거나 외부 활동이 어려워지면, 먹을 것을 구하는 일이 쉽지 않았다. 불운한 날은 온 가족이 굶어야만 했다. 굶주림은 일상적인 현상이었다.

신석기시대에 접어들면서 인류는 앞선 시대와 달리 어느

정도 예측 가능한 식생활을 했다. 외부 변수가 압도적인 영향을 끼치던 수렵과 채집 대신 일정 수준의 수확을 예상할 수 있는 농경을 경제의 기본 방식으로 선택한 덕분이다.

농경에 나선 계기는 지구 환경이 농사짓는 데 적합하게 변했기 때문이다. 구석기시대, 지구의 지배자는 차가운 얼음이었다. 얼음이 지표를 이불처럼 덮고 있었다. 생명체들은 얼음이라는 제약에 종속되어 살아가야만 했다. 그러나 신석기시대로 접어들며 지구 환경은 급변했다. 달리 말해 지구 환경의 변화가 신석기시대를 가져왔다. 빙하기의 종말은 지구 곳곳의 거대한 얼음을 녹였다. 약 1만 년 전부터 충적세Holocene가 시작된 것이다.

온화해진 지구 환경은 먹을 것을 찾아 헤매던 인류에게 농경이라는 새로운 기회를 제공했다. 농사를 짓기 시작한 이후 인류의 삶은 송두리째 변화했다. 예측하기 어려운 변화무쌍한 생활 대신 일정한 수준의 소출所出이 보장되는 안정된 삶을 살게 된 것이다.

인류가 만들어낸 이러한 변화를 신석기 혁명이라고 한다. 신석기 혁명이 일어나지 않았다면, 인류는 지금도 돌로 만든 창을 들고 이곳저곳 돌아다니거나 물가에서 조개를 캐는 고달픈 신세를 면치 못했을 것이다.

침팬지는 유전적으로 인류의 가장 가까운 친척이다. 침팬지는 곤충이나 곤충의 유충뿐만 아니라 사냥을 통해 동물성 단백질을 확보한다.

그런데 씨를 뿌리고 열매를 거두는 농경만으로는 식생활 문제를 완전히 해결할 수 없었다. 인류는 사슴이나 토끼처럼 풀만 먹고 사는 초식동물이 아니기 때문이다. 생존을 위해서는 적당한 수준의 동물성 단백질을 먹어야 했다.

유전적으로 인류의 가장 가까운 친척은 침팬지다. 침팬지도 인류처럼 식물성 먹이만으로는 필요한 영양분을 모두 확보할 수 없다. 그래서 집단 혹은 단독 사냥을 통해 동물성 단백질을 섭취한다.

침팬지가 주로 사냥하는 동물은 어린 가젤이나 콜로부스 원숭이 같은 작은 동물이다. 물론 침팬지가 고급 단백질만 고집하는 것은 아니다. 주변에서 쉽게 구할 수 있는 개미나 흰개미 같은 곤충이나 곤충들의 유충도 마다하지 않는다. 단백질을 제공하는 곤충을 거부할 만큼 동물성 단백질 확보 상황이 여유롭지 않아서다.

농경을 시작한 후 고된 농사일은 농부의 몫이 되었다. 성패는 농부의 단단한 근육에 달려 있었다. 농부가 근력을 유지하기 위한 가장 좋은 방법은 동물성 단백질을 꾸준히 섭취하는 것이다. 하지만 이는 말처럼 쉬운 일이 아니었다. 농사를 일단 시작하면 수렵과 채집을 병행하기 어려웠다.

숫자로 가축을 통제한 인류

농경시대에 접어든 후 단백질 섭취 방법은 사냥으로 잡은 동물을 '길러' 조달하는 것이었다. 인류는 여러 종류의 동물을 포획해 필요에 맞게 개량했다. 가축 개량이라고 하는 과정을 통해 동물은 인간에 의해 철저히 통제되는 가축으로 재탄생했다. 인간과 함께 살게 된 가축은 자연을 영원히 떠나 인공

구조물인 울타리라는 좁은 공간에서 태어나 삶을 마감할 때까지 그곳에서 살았다.

인류가 가축을 키운 첫 번째 목적은 단백질을 얻기 위해서다. 가축을 키우면서 인류는 수학과 이윤에도 눈을 떴다. 경영학 관점에서 가축의 일생을 분석하면 다음과 같다. 사료라고 하는 식물성 자원을 투입해 가축을 사육한다. 식물성 자원은 가축의 체내를 거치면서 동물성 단백질로 전환된다. 가축은 일정한 생육 기간을 거쳐 인간이 목표로 정한 체중에 도달하면 도축된다.

도축이 마무리된 가축은 더는 생명체가 아닌 상품으로 취급된다. 가축은 고기와 부산물이라는 상품으로 전환되는데, 그것이 바로 인류가 궁극적으로 원한 최종 산출물이다. 이 산출물은 소비자의 선택을 받아 판매되며, 생산과 유통 과정에 참여한 축산업 종사자들에게 각각 적절한 수준의 이윤을 제공한다.

가축이라는 생명체는 사육 후 유통 과정을 거치면서 흔적도 없이 사라진다. 가축은 인간이 만들어놓은 회계장부 곳곳에 자신의 흔적을 남기고 생을 마친다. 자신을 성체로 키웠던 축산농가의 회계장부는 물론 도축업자, 도매업자, 소매업자의 회계장부에 숫자로 존재하다가 사라지는 것이다. 호랑이가 죽어서 가죽을 남기듯 가축들은 숫자로 나타나는 이윤을 축산 관계자들에게 남기고 떠나는 것이다.

개별 축종畜種마다 인간이 목표로 정한 수치는 다르다. 비전문가의 눈에는 세상에 존재하는 소가 모두 같은 소로 보인다. 전문가의 눈에는 소가 제각각 다르다. 고기를 생산하는 육우와 우유를 생산하는 유우乳牛는 엄연히 다르다. 생물학적으로는 분명 같은 소지만, 경영학적으로 육우와 유우는 쓰임새가 전혀 다르다.

200년 전만 해도 육우나 유우보다 농사일을 돕는 역우가 경영학적으로 중요한 가치를 가졌다. 더 오래전에는 농사일을 위해 소를 키웠지 젖이나 고기를 얻고자 키우지 않았다. 지금은 다르다. 일하는 소의 대명사이던 한우도 육우로 바뀐 지 수십 년이 넘었다. 지금 한우에게 밭이나 논을 갈게 하면 육질을 떨어뜨릴 수 있다는 비난을 받을 것이다.

육우의 중요한 덕목은 매일 꾸준히 살을 찌우는 것이다. 더 빠른 속도로 살을 찌우는 소가 우수한 형질을 가졌다고 칭찬받는다. 육우가 하루에 얼마나 살이 찌는지 측정하는 지표인 일일 증체량增體量이라는 수치도 있다. 축산경영학에서 증체량은 중요한 지표다.

유우도 마찬가지다. 유우도 육우처럼 구체적인 수치로 정

국내 우유의 90퍼센트 이상은 홀스타인이 생산한 것으로, 홀스타인은 네덜란드에서 개량된 소로 성장 속도가 빠르다.

한 목표가 있다. 연간 몇 킬로그램의 우유를 생산하는지에 따라 등급이 매겨진다. 유우가 연간 생산하는 산유량産乳量을 연간 원유原乳 생산량이라고 한다. 유우가 엑설런트excellent 등급(90점 이상) 판정을 받으려면 연간 1만 3,000킬로그램이 넘는 우유를 생산해야 한다. 일일 평균 35킬로그램 넘게 생산해야 도달하는 양이다.

국내 우유의 90퍼센트 이상은 흑백 얼룩소인 홀스타인 Holstein이 생산한 것이다. 홀스타인 품종의 강세는 비단 우리나라에 국한된 일이 아니다. 축산 대국 미국도 홀스타인이 유우의 대부분이다. 홀스타인의 우유 생산량이 저지Jersey 등 다른 유우의 생산량을 압도하기 때문이다. 홀스타인은 네덜란드에서 개량된 소다.

홀스타인이라고 하더라도 모두 유우가 되는 것은 아니다. 암컷은 유우가 되지만 수컷은 우유를 생산하지 못한다. 그러니 수컷은 다른 용도로 사용해야 한다. 수컷 홀스타인의 성체는 체중이 1톤에 달할 만큼 육중하다. 더구나 성장 속도도 빠르다. 이런 특징은 수컷 홀스타인을 육우의 대명사로 만들어주었다.

인류가 개를 특별하게 대우한 이유

소나 돼지에 비해 체구가 작은 닭도 숫자로 된 기록을 남기기는 마찬가지다. 1년에 달걀을 얼마나 생산해야 우수하다는 지표가 존재한다. 현대인이 소비하는 축산물의 대부분은 제각각 할당된 수치를 달성하기 위해서 개량되고 관리된다.

경제적 관점이 다른 모든 것을 압도하는 가축의 세계에서 지극히 예외적인 존재도 있다. 개도 넓은 의미에서 가축의 범주에 포함된다. 서구 문화에서 개는 식용과는 관련이 없는 동물이었다. 가축을 포함한 사물의 가치를 판단할 때 경제성을 앞에 두는 인류의 특징을 고려하면, 개라는 동물이 받는 대접은 상당히 유별나다.

현대인은 다른 가축과 달리 이윤 창출을 목표로 개를 키우지 않는다. 개를 키우면 오히려 적지 않은 비용이 발생한다. 사료값은 물론 병원비, 심지어 미용 비용도 발생한다. 그런데 경제성을 추구하는 인간이 왜 개만 특별하게 대우하는 걸까?

소비사회에서 재화와 서비스는 모두 수치로 표시된다. 현대인은 돈을 사랑한다. 돈은 문제를 쉽게 풀어주는 만능 키 노릇을 한다. 돈이 되는 일이라면 평생 쌓은 명예나 지위도 헌신짝처럼 버리는 경우가 비일비재하다. 심지어 부모형제가 돈 때문에 등을 돌리고 평생 남남처럼 지내기도 한다.

그런 현대인이 유독 개라는 동물에게만은 대가를 바라지 않는다. 인류는 경제성이라는 가혹한 잣대를 모든 가축에게 들이밀지만 개에게는 그렇게 하지 않는다. 개라는 동물은 엄청난 혜택을 누리고 있다.

야구는 감독의 경기 개입이 다른 스포츠에 비해 많다. 선수들은 수시로 떨어지는 작전 지시를 수행하고자 경기 내내 정신을 바짝 차려야 한다. 그러지 않으면 자신 때문에 경기가 엉망이 될 수도 있다.

그런데 치외법권을 누리듯 감독의 작전 지시를 받지 않고 움직이는 선수도 있다. 뛰어난 주루 능력을 가진 선수는 자신의 판단 아래 마음대로 달리기도 한다. 이들은 마음껏 달릴 권리를 이미 부여받았다. 그린라이트를 가진 셈이다.

발 빠른 주자만 그린라이트를 확보한 것이 아니다. 팀의 간판급 타자도 그런 권리를 보유했다. 아무리 1점이 소중해도 그런 강타자에게는 보내기번트나 히트앤드런 같은 작전을 요구하지 않는다. 타자의 판단에 모든 것을 오롯이 맡기는 것이다. 강타자는 볼카운트의 유·불리도 무시한다. 자신이 좋아하거나 자신 있는 코스로 공이 오면 마음껏 휘두른다.

개도 야구의 발 빠른 주자나 강타자처럼 그린라이트를 보유하고 있다. 그것도 1장이 아닌 2장이다. 그린라이트를 개한테 준 존재는 당연히 개의 주인인 인간이다. 애견가가 아니라면 사람과 동물이 한 가족이 될 수 있다는 말이 거슬리게 들릴 수 있으나, 역사적으로 개는 인류와 가족처럼 살아왔다. 수만 년 전부터 개는 사람과 자신이 같은 무리에 속한 운명 공동체라고 여기고 자신의 주인을 우두머리처럼 떠받들어 왔다. 충성심은 개의 삶이 다할 때까지 이어진다.

개라는 동물은 배신할 줄 모른다. 공짜 밥을 먹은 적도 없다. 개가 먼저 두각을 나타낸 분야는 사냥이다. 자신의 장점인 예민한 후각과 청각으로 사냥감을 찾고 추격했다. 인간 세상에 합류한 개의 활약으로 인류의 단백질 획득은 과거보다 수월해졌다. 수렵과 채집의 시대, 인류의 식생활 개선에 개는 상당한 역할을 했다.

목양견과 사냥개의 공통점

개는 사냥의 선봉장 역할을 맡으며 그린라이트를 확보했다. 먹잇감의 냄새를 맡고 추격하는 일은 자신의 주인에게 일일이 보고할 수 없다. 사냥터의 사냥개는 자신이 가진 포식자의 본능과 판단에 따라 움직인다. 선先조치 후後보고가 인정된다. 하지만 농경시대가 되면서 개는 전혀 다른 역할을 맡기 시작한다. 공격과 수비의 역할이 바뀌었다고나 할까?

7,000~8,000년 전 소와 양, 4,000~5,000년 전 돼지가 인간 세상에 들어온다. 소, 양, 돼지는 가축이 되면서 인류의 보호를 받았다. 인류는 가축들이 안전하게 성체가 되도록 정성껏 보살폈다. 놀랍게도 인간은 다른 동물을 공격하는 맹수의 후손인 개를 가축의 지킴이로 임명한다.

가축을 지키게 하려면 개의 공격 본능을 없애는 것이 무엇보다 중요했다. 인류는 기발한 방법을 개발한다. 가축을 지키

가축을 지키는 목양견은 긴급 상황이 발생하면 선조치 후보고를 한다. 이는 사냥감을 발견한 개들의 행동과 거의 유사하다.

는 개들을 어릴 때부터 가축의 무리에서 함께 키웠다. 개는 가축을 자신의 가족처럼 여기면서 성장한다. 개량된 개들은 늑대, 여우, 곰 같은 맹수에게서 가축을 지키고자 목숨을 바친다.

가축을 지키는 개를 목양견이라고 한다. 보더 콜리border collie 같은 목양견 덕분에 인류는 포식자의 공격에서 가축을 안전하게 지킬 수 있었다. 목양견도 사냥개와 마찬가지로 긴급 상황이 발생하면 선조치를 한 후 후보고를 한다. 목양견이 주인에게 보고하는 방법은 간단하다. 주인이 멀리서도 들을 수 있도록 목청껏 크게 짖고 또 짖는다. 그러면 주인이 달려와 후속 조치를 취한다. 이는 사냥감을 발견한 개들의 행동과 거의 유사하다.

초식동물을 사냥하는 포식자들은 개가 짖는 행동이 어떤 의미인지 본능적으로 안다. 그래서 개들이 지키는 가축은 탐내지 않는다. 개를 잘못 건드리다가는 천둥소리를 내는 쇠막대기인 총을 든 사람들이 몰려오기 때문이다. 이렇듯 개는 수렵과 채집의 시대에 이어 농경시대에도 인류의 동물성 단백질 공급에 큰 역할을 하는 존재로 살아왔다.

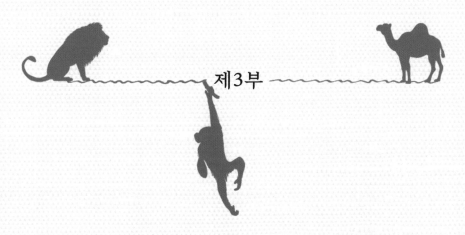

제3부

중국사를 만든
동물 이야기

누가 사슴을 **차지할 것인가?**

악당을 물리치는 어벤저스 히어로

중국 고대 문명의 토양이 된 황허강의 발원지는 칭하이성青海省 쿤룬산맥崑崙山脈이다. 칭하이성은 티베트고원 동북부에 있는데, 그 면적이 한반도의 3배가 넘는다. 중국 22개 성省 중 면적이 가장 크지만, 인구는 560만 명에 불과하다. 이는 칭하이성의 평균고도(해발 3,000미터)가 백두산(해발 2,744미터)보다 높아서다.

황허강 물줄기의 기원인 쿤룬산맥의 규모는 유별나다. 길이는 경부고속도로의 약 6배인 2,400킬로미터에 달한다. 쿤룬산맥을 대표하는 쿤룬산崑崙山은 자그마치 해발 7,167미터의 가파른 높이를 자랑한다. 쿤룬의 한국식 발음은 곤륜이다. 곤륜은 중국 무협영화 팬들에게 익숙한 이름이다.

곤륜파는 대표적인 무림 정파正派다. 정파는 정의를 위해 싸우는 무술 집단이다. 곤륜산은 무림 정파인 곤륜파崑崙派의 본산이다. 중국 무협영화에 단골로 등장하는 눈 덮인 설산 중 상당수가 쿤룬산, 즉 곤륜산이다.

미국의 마블스튜디오는 다른 공간에서 활약하던 여러 히어로를 같은 공간에 출연시키는 획기적인 아이디어로 '어벤저스 시리즈'를 만들었다. 영화는 오랜 시간에 걸쳐 확고한 팬덤을 확보한 아이언맨, 캡틴 아메리카, 스파이더맨 등이 평화를 위협하는 범우주적 악당 타노스와 대립하는 구도로 구성되어 있다.

수많은 주인공이 등장하는 어벤저스 시리즈는 규모에 어울리는 흥행 성적도 거두어왔다. 2019년 7월 개봉한 〈어벤져스: 엔드게임〉은 장장 10년 동안 흥행 정상을 지킨 〈아바타〉(2009년)를 2위로 밀어내고 새로운 흥행 왕관을 차지했다.

많은 영웅이 한꺼번에 등장해 거악과 싸우는 것은 미국 할리우드 영화만의 전매특허가 아니다. 동아시아 대중소설이

'어벤저스 시리즈'는 아이언맨, 캡틴 아메리카, 스파이더맨 등이 평화를 위협하는 범우주적 악당 타노스와 대립하는 구도로 구성되었다. 타노스 피규어.

나 영화도 비슷한 구도를 가진 작품이 많다. 동아시아 히어로들은 과학의 힘으로 중무장한 미국의 어벤저스와 분위기부터 사뭇 다르다. 첨단 장비나 슈트의 도움을 전혀 받지 않는다. 오로지 평소 연마한 강력한 무공으로 적을 물리친다. 그들의 놀라운 무공에는 새처럼 하늘을 나는 경공술輕空術도 있고, 맨손으로 장풍掌風을 내뿜거나 내공의 힘만으로 주변을 불바다로 만들어버리는 믿기 어려운 수준의 고급 기술도 있다.

어벤저스와 필적할 만한 동아시아의 무림 고수 그룹으로는 소림少林, 화산華山, 무당武當, 아미峨嵋, 곤륜 등 9개 정파와 개방丐幫이라는 1개 방幫으로 구성된 구파일방九派一幫이 있다.

무림 세계에도 타노스 같은 엄청난 힘을 가진 거대한 악당이 등장한다. 사파邪派 또는 마교魔敎라고 불리는 거악이 등장하면 세상은 큰 혼란에 빠진다. 그러면 강호江湖에서 안빈낙도하던 구파일방 고수들이 등장해 목숨을 걸고 이들과 싸운다.

고수들의 진가는 거악과 싸움이 끝난 후 발휘된다. 평화를 찾은 세상에서 그들은 아무것도 바라지 않고 유유히 사라진다. 그들에게 필요한 것은 정의와 평화, 일상의 작은 행복이기 때문이다. 군더더기 없이 깔끔하게 퇴장해야 더욱 멋진 법이다.

중원에서 사슴을 사냥하다

쿤룬산맥에서 발원한 황허강은 오랜 시간에 걸쳐 기름진 충적층을 만들었다. 그렇게 형성된 비옥한 토양을 중심으로 황허 문명이 꽃핀다. 중국인은 물산物産이 풍부한 그곳을 천하의 중심으로 여기고 중원中原이라는 이름을 붙였다. 현재 행정구역으로는 허난성河南省 전역, 산둥성山東省·허베이성河北省·산시성山西省 일부 지역이 중원이다.

중원은 춘추전국시대 종주국인 주周의 근거지다. 주의 세력이 기울면서 중원은 세상의 주인이 되고 싶은 야심가들에게 욕망의 대상이 된다. 중국 고대사를 보면 중원은 난세만 되면 영웅들이 각축을 벌이던 장소임을 알 수 있다.

『삼국지연의』의 시대 배경인 후한後漢 때도 중원을 노린 영웅이 많았다. 환관 가문 출신의 지략가 조조와 사세삼공四世三公의 후손 원소가 대표적이다. 출신만으로 인물을 평가하면 환관의 후손 조조는 명문거족 출신 원소와 상대가 되지 않는다.

원가袁家는 4대에 걸쳐 삼공三公 벼슬에 올랐다. 대단한 권세를 누린 것이다. 삼공은 특정한 관직을 일컫는 것이 아니라 재상 벼슬을 통칭할 때 사용되는 표현이다. 한국의 공직으로 비교하면 총리나 부총리에 해당하는 높은 관직이다.

그런데 원소에게는 반전이 있다. 대단한 조상을 둔 것은 사실이지만, 정실正室 출생 원술과 달리 서출庶出이다. 따라서 가문의 후광만으로 원소가 모든 것을 이루었다고 평가하면 안 된다. 원소는 그가 이룬 업적에 맞게 재평가받을 필요가 있는 인물이다.

조조와 원소는 중원을 차지하고자 경쟁했다. 승자 조조와 그의 후손은 역사적 소임을 다한 한漢을 대체한 위魏의 황제가 된다. 원소 가문이 조조와의 중원 쟁탈전에서 이겼다면 『삼국지연의』의 주인공이 되었을 것이다.

조조는 살아서 황제 노릇을 한 적이 없다. 그러니 황제가 아니라고 주장할 수도 있지만, 이는 절반만 맞는 이야기다. 그가 죽은 후 아들 조비에 의해 위왕魏王에서 무황제武皇帝로 추존된다. 조조의 사례에서 알 수 있듯 중원을 차지하는 자가 중국의 주인이 되는 것이다.

중원을 차지하기 위한 투쟁을 축록중원逐鹿中原이라고 한다. 직역하면 '중원에서 사슴을 사냥한다'는 뜻이다. 이 해석만으로는 실제 뜻을 도무지 알 수 없다. 사자성어 중에는 이렇게 은유가 포함된 것이 많다. 역사적 배경을 알아야 본래 뜻을 이해할 수 있다.

축록중원에서 사슴鹿은 덩치 큰 발굽 동물 사슴을 의미하지 않는다. 미국 드라마 〈왕좌의 게임〉(2011~2019년)에 그 답이 있다. 왕의 자리, 즉 왕좌가 사슴이다. 따라서 야심만만한 영웅들이 왕좌를 차지하고자 서로 경쟁하는 것이 축록중원의 본뜻이다.

사슴이 왕좌를 상징하는 것은 중국에만 한정된 것이 아니

왕관은 왕이 가진 절대적 지위와 권위를 상징한다. 이 왕관은 수사슴의 화려한 뿔을 형상화한 것이다.

다. 우리 역사에서도 그런 적이 있다. 신라는 삼국을 통일한 한반도 최초의 통일국가다. 천년 왕국 신라의 왕들은 금으로 만든 화려하고 멋진 왕관을 썼다. 그런데 임금이 머리에 무거운 왕관을 쓴 것은 단순히 멋을 내려는 의도가 아니었다.

왕관은 왕이 가진 절대적 지위와 권위를 상징한다. 아무리 권력이 강한 신하도 감히 왕관을 쓸 수는 없다. 그런데 신라의 왕관을 자세히 보면 동물의 신체 부위를 형상화한 것임을 알 수 있다. 다름 아닌 수사슴의 화려한 뿔이다. 축록중원의 사슴과 그 맥을 같이한다. 이렇듯 사슴은 왕권을 상징한다.

역모를 제안하다

장기는 동양의 대표적인 두뇌 게임이다. 서양의 체스와 자주 비교되는데, 장기는 어느 천재의 번뜩이는 창의성으로 만들어진 것이 아니다. 장기는 중원을 차지하기 위해 경쟁한 초楚와 한漢의 전쟁 기록이며 역사다. 초와 한이 중원의 사슴을 놓고 싸운 것은 진秦의 몰락에서 비롯되었다. 진시황에 이어 중원의 주인, 즉 사슴을 차지하고자 경쟁한 영웅은 초의 항우와 한의 유방이다. 그런데 두 영웅에게 뒤지지 않는 세력을 가진 숨은 영웅도 있다.

초한대전楚漢大戰에서 소외된 영웅은 한신이다. 공식적으로 한신은 유방의 수하가 맞지만, 당시 한신의 세력은 항우와 유방에 비견할 만했다. 준準독립적 군벌이라고 볼 수 있다. 한신은 항우나 유방처럼 역사의 한 장을 장식하는 주인공이 되지는 못했다. 미처 뜻을 펴기도 전에 유방에 의해 세력이 해체되고, 자신은 죽임을 당했기 때문이다.

한신은 역사책의 주인공이 되지는 못했지만, 야사에서 여전히 중요한 역할을 한다. 한신은 권력이나 왕좌를 상징하는 사슴을 잡지 못해 죽임을 당한 비운의 주인공으로 회자된다. 결국 항우와 한신을 차례로 제압하고 중원이라는 사슴을 차지한 유방만이 천수를 누릴 수 있었다.

토사구팽兎死狗烹이라는 또 다른 사자성어에서 한신은 항우라는 큰 토끼를 사냥한 후 자신의 주인인 유방에 의해 솥단지에서 삶아지는 가련한 사냥개로 등장한다. 목표를 달성한 후 이용 가치가 없어져 주인에게 배신당하거나 버려지는 운명을 의미하는 존재인 셈이다.

대장군 정도 되면 그 밑에서 책략을 내는 책사를 두게 된다. 한신에게도 그런 존재가 있었다. 괴통蒯通이라는 꾀돌이 책사는 주군인 한신에게 유방의 수하로 만족하지 말 것을 조언한다. 이는 자립을 의미했다. 나쁘게 말하면 역모를 일으키라고 고언을 한 것이다.

역모는 말을 꺼내는 순간부터 목을 내놓아야 한다. 한신에게 역모를 건의한 괴통도 그런 각오를 했을 것이다. 자신의 제안이 한신에 의해 받아들여지면 개국공신이 되겠지만, 그렇지 않으면 한의 유방을 배반한 역적이 되어 삼족이 멸하기 때문이다. 괴통은 그런 위험천만한 제안을 한신에게 한 것이다. 괴통이 한신에게 분립을 건의한 것은 400년 후 제갈량이 유비에게 건의한 천하삼분지계天下三分之計와 상당 부분 흡사하다. 괴통이야말로 천하삼분지계의 최초 설계자 혹은 입안자라고 할 만하다.

2,000년 넘게 흐른 지금의 시각으로 분석하면, 괴통의 책략은 실현 가능했던 것 같다. 그는 중국에 큰 사슴 한 마리가 아닌, 작은 사슴 여러 마리가 존재할 수 있다는 점을 간파했다. 그리고 그 작은 사슴의 주인으로 유방, 항우, 한신을 생각한다. 괴통이 이 말을 꺼냈을 때 한신은 춘추전국시대 기준으로 위魏, 조趙, 대代, 제齊의 대부분을 차지하고 있었다.

이렇듯 세력은 충분했다. 결단만 남았다. 한신의 의지만 있으면 새로운 나라가 일어설 수 있었다. 하지만 한신은 괴통의 제안을 받아들이지 않았다. 기회를 걷어찬 한신의 운명은 비참했다. 목숨으로 그 대가를 지불했다.

한신의 예에서 알 수 있듯 자신에게 찾아온 기회를 잡지 못하면, 움켜쥐고 있던 작은 권력도 지키지 못하는 법이다. 그리고 그 화는 자신은 물론 주변까지 미친다. 권력에는 피도 눈물도 없다. 한신은 이 같은 이치를 제대로 이해하지 못했다.

천하를 삼분하다

한신이 채택하지 않은 천하삼분지계는 제갈량에 의해 부활한다. 제갈량의 계획은 중원에는 조조, 강동江東(양쯔강의 동쪽)에는 손권이 제업帝業을 다졌기 때문에 제후의 리더십이 매우 취약하던 형주荊州와 익주益州를 차지해 중국을 셋으로 나누는 것이었다. 제갈량도 중국의 사슴을 한 마리가 아닌 세 마리로 보았다.

그렇다고 제갈량에게 중원 수복의 의지가 없던 것은 아니다. 중원 수복은 사슴 세 마리를 한 마리로 묶는 것을 의미한다. 제갈량도 중원을 차지하지 못한 채 바둑판의 한 귀퉁이 같은 파촉巴蜀만 확보해서는 중국의 진정한 주인이 될 수 없다는 점을 알았다. 제갈량은 유비에게 주변 상황 변화를 살펴면서 중원으로 진출하라고 첨언했다. 제갈량이 생각한 상황 변화는 흉노匈奴나 오환烏桓 같은 유목민이 위의 국경을 침공하는 일이었던 것으로 추정된다.

유비가 죽은 후 제갈량은 수차례 군사를 일으켜 위를 상대로 북벌에 나섰으나, 국력이 약한 촉한蜀漢이 위를 정벌하기는 어려웠다. 그래서 제갈량에 비판적인 학자들은 촉한의 국력을 일찍 고갈시켜버린 무리한 군사행동이라고 비판하기도 한다. 하지만 촉한이 좁은 땅에 웅거雄據만 했다고 해서 멸망을 피하기는 어려웠을 것으로 보인다.

제갈량의 제안으로 작은 사슴 사냥에 나선 유비의 군세軍勢는 전성기의 한신에 비교하면 10분의 1도 안 될 만큼 미미했다. 그런 보잘것없는 세력으로 유비는 제갈량의 계책을 실천했다. 그리고 촉한이라는 나라를 세우고 황제로 즉위한다. 유비가 한신과 달리 역사의 주인공이 된 것은 작은 사슴이라도 포획했기 때문이다. 유비가 한신보다 위대한 점은 이렇듯 과감한 추진력과 판단력을 갖춘 것이다.

천하삼분지계가 한신에 의해 기각된 후 괴통은 더는 주군의 곁을 지킬 수 없었다. 역모를 수용하지 않은 주인을 계속 섬기는 것은 칼날 위를 걷는 것처럼 위험한 일이다. 괴통이 떠난 뒤에도 한신은 언행에서 중심을 잡지 못했다. 야심을 드

제갈량이 유비에게 천하삼분지계를 제안하자, 유비는 과감한 추진력과 판단력으로 촉한
을 세우고 황제로 즉위한다. 유비는 작은 사슴이라도 취한 것이다.

러내면서 행동하지 않는 것은 상대에게 공격의 빌미를 주는 일이다. 이러한 어중간한 행보가 한신의 수명을 줄였다. 한신은 결국 유방에 의해 제거되고 만다.

한신은 군사적인 재능은 뛰어났으나 정치판 분석 능력이 부족했다. 정무 감각이 유방에 못 미쳤다. 이미 큰 세력을 구축한 한신에게 필요한 능력은 전쟁에서 이기는 기술이 아닌 정치판을 읽고 그에 맞게 행동하는 것이었다. 한신이 자신의 부족한 정무적 능력을 자각했다면, 괴통 같은 꾀주머니 책사를 주변에 계속 남아 있게 해야 했다.

한신은 죽음을 앞두고 괴통의 책략을 따르지 않은 점을 후회한다. 이 같은 한탄이 유방의 귀에 들어간다. 얼마나 졸장부인가? 입방정은 옛 부하인 괴통의 목숨을 위협한다. 괴통은 결국 유방의 포로가 된다. 하지만 괴통은 어리석은 옛 주인인 한신과 달랐다. 그는 목숨을 잃지 않았고, 옥살이도 하지 않았다. 석방된 것이다.

괴통은 한신과 달리 죽음의 위기 앞에서도 중심을 잘 잡았다. 비록 죄수의 신분이었지만 논리정연하게 유방에게 자신의 처지를 변론했다. 그가 펼친 논리는 대략 이랬다.

"진이 무너지면서 울타리 안에 있던 사슴이 밖으로 나왔다. 그래서 전국의 영웅들은 진이 보유하던 사슴을 잡기 위해

들고일어났다. 그런 영웅 중에는 유방도 있었고, 항우도 있었다. 그리고 한때 주인으로 모셨던 한신도 있었다. 나는 한신의 성공을 위해 일하는 신하였다. 그러니 주인의 성공을 위해 천하를 삼분하자는 계책을 낸 것이다. 하지만 주인인 한신이 이를 채택하지 않았다. 옛 주인은 죽고 나는 새로운 황제의 포로가 되었다. 모시던 주인을 위해 책략을 낸 것일 뿐인데, 어떻게 이것이 죄가 될 수 있느냐?"

거듭 읽어도 틀린 곳이 없다. 괴통을 죽이고 싶어도 이런 식의 논리를 펴는 상대를 이기기는 어렵다. 결국 괴통은 정연한 논리 덕분에 목숨을 건진다. 물론 유방이 괴통을 죽일 수도 있었으나 무리수를 두지 않았다. 한신이라는 엄청난 시한폭탄이 제거되었기에 괴통은 아무런 위협이 되지 않았기 때문이다.

유방은 괴통을 살려둠으로써 민심을 얻으려 했다. 천하를 통일한 지 얼마 되지 않은 어수선한 시점에 자신의 넓은 도량을 알린 것이다. 유방이야말로 중국이라는 사슴을 잡을 자격이 있는 사슴 사냥꾼임을 알 수 있는 대목이다.

판다는 어떻게

데탕트 시대를 열었을까?

국민당과 공산당의 '국공 내전'

1945년 4월 30일 아돌프 히틀러Adolf Hitler는 연인 에바 브라운Eva Braun과 독일 베를린의 지하 벙커에서 극단적인 선택을 한다. 절망적 전황이 두 사람을 죽음으로 내몰았다. 그로부터 일주일 후인 5월 7일 독일은 항복하고 만다. 유럽을 불태운 기나긴 전쟁의 화마는 이렇게 걷힌다.

같은 시각 아시아의 전황은 달랐다. 대동아공영권이라는 황당무계한 구호로 아시아와 태평양을 쑥대밭으로 만든 일본 제국주의자들의 저항은 거칠었다. 전세는 연합군 쪽으로 기운 지 오래였으나 일본은 패배를 인정하지 않았다. 미국은 선택의 기로에 섰다. 지상군을 상륙시켜 대규모 살육전을 펼치거나 원자폭탄을 투하해 항복을 받아내야 했다. 선택은 원자폭탄이었다. 히로시마廣島와 나가사키長崎에 투하된 신형 무기의 위력은 대단했다. 전쟁은 일본의 무조건 항복으로 마무리된다.

중국 대륙의 상당 부분을 반半식민지로 경영하던 일본이 물러나자 장제스蔣介石 국민당 총통과 마오쩌둥毛澤東 공산당 주석은 자의 반 타의 반 협상에 나선다. 미국의 중재로 시작된 이 협상의 목적은 국공國共 공동정부 수립이었다. 협상 테이블에 마주 앉은 양측은 처음부터 서로에 대한 신뢰가 전혀 없었다. 급변한 국제 정세와 미국의 압박으로 어쩔 수 없이 자리에 앉았을 뿐이다. 결국 협상이 깨지고 제2차 국공 내전內戰이 발발한다.

1946년 6월 국민당의 당군黨軍인 국민혁명군이 일제히 공산당 지구地區에 대한 선제공격에 나선다. 국민당 측이 먼저 공세를 편 것은 무력으로 상대를 제압할 수 있다는 자신감을 가졌기 때문이다. 개전 초기 국공 양측의 군사력 격차는 컸다. 미국의 지원을 받은 국민혁명군은 질적·양적으로 공산당

국민혁명군은 질적·양적으로 홍군을 압도했지만, 홍군에게 연전연패하며 주요 거점을 차례로 상실했다. 1949년 10월 톈안먼에서 중화인민공화국 정부 수립을 선포하는 마오쩌둥.

의 홍군紅軍을 압도했다. 국민혁명군은 370개 사단, 430만 대군을 보유한 반면 홍군은 병력이 100만 명에 그쳤다. 질적으로도 홍군이 현저하게 열세였다.

그러나 국민혁명군의 우위는 오래가지 못했다. 홍군은 단일 지휘 체계 아래 한 몸처럼 일사불란하게 움직였으나, 국민혁명군은 군벌 연합체와 비슷한 성격이었다. 수뇌부가 여럿인 느슨한 지휘 체계는 효율적인 전투 수행에 결정적인 장애가 되었다.

1948년 후반기부터 홍군이 전쟁의 주도권을 쥔다. 국민혁명군은 연전연패하며 주요 거점을 차례로 상실했다. 홍군은 1949년 1월 수도 베이징北京, 5월 최대 도시 상하이上海, 10월 광저우廣州를 점령한다. 11월 국민당 임시 수도 충칭重慶, 12월 국민당 최후 거점 청두成都까지 함락한다. 국민당은 결국 한반도의 45배에 달하는 중국 대륙을 모두 잃고, 경상도 면적보다 약간 큰 타이완으로 후퇴할 수밖에 없었다.

이념보다 실리가 중요하다

공산당은 중국을 무력으로 통일한 후 경제 부흥에 나선다. 개혁·개방이 아닌 자력갱생 모델을 채택했다. 대약진운동과 문화대혁명은 폐쇄 지향적 정책의 사례다. 조선의 흥선대원군이 재림한 것 같은 중국의 폐쇄정책은 '죽의 장막bamboo curtain'이라는 표현으로 압축되었다.

　개인과 국가 공히 문 닫고 한없이 살 수는 없다. 1956년 소련 공산당 제20차 대회 이후 중국과 소련의 갈등이 시작되었다. 중·소 분쟁은 사회주의 내부 이념 갈등으로 출발했으나 시간이 흐르며 경제·외교·안보 전 분야로 확대되었다. 배고픈 동지가 요구하면 언제든지 밥을 챙겨주던 연대가 막을 내린 것이다.

중국의 경제는 스스로 일어나기에는 너무 낙후되어 있었다. '키다리 아저씨'의 도움이 필요했다. 중국은 그동안 경원시하던 서방에 손을 내밀었다. 이 같은 중국의 행동 변화에서 알 수 있듯 이념보다는 실리가 중요한 것은 만고불변의 진리다.

미국은 중국이 문을 열고 밖으로 나올 때 촉진자 구실을 했다. 미국이 소련과 열전熱戰보다 더 날카롭고 차가운 냉전冷戰을 펼칠 때다. 소련의 팽창을 함께 견제할 파트너가 필요했는데, 중국은 최적의 조건을 갖추고 있었다. 이념이나 정치체제는 문제가 되지 않았다. 소련을 견제만 잘해주면 그만이었다.

사업에서 성공하려면 거래를 잘해야 한다. 거래는 일방만 이익을 보는 구조에서는 성사되지 않는다. 양쪽의 이익이 만나야 한다. 미국과 중국 사이 거래도 그랬다. 양국의 이익이 맞아떨어지자, 두 거인은 주춤거리지 않고 움직였다.

1971년 미·중은 의견을 조율하는 회담을 중국 베이징에서 개최한다. 이듬해 역사적인 미·중 정상회담이 베이징에서 열렸다. 통상의 정상회담은 합의의 전체 혹은 대강이 완료된 채 시작되고, 회담을 마친 후 가시적 성과를 언론에 공개하는 것이 관례다. 2019년 하노이 북·미 정상회담처럼 '노딜'로 끝나는 경우는 극히 드물다. 1972년 리처드 닉슨Richard Nixon

1972년 미·중 정상회담이 베이징에서 열렸는데, 두 나라는 적대를 청산하고 관계를 정상화했다. 마오쩌둥과 리처드 닉슨.

과 마오쩌둥은 그동안의 적대를 청산하고 관계를 정상화하는 데 합의했다. 두 나라는 6·25전쟁에서 적으로 싸웠으나 그것은 새로운 친구가 되는 데 장애가 되지 않았다.

　미·중 데탕트 덕분에 스포트라이트가 베이징에 집중되었다. 닉슨과 마오쩌둥은 물론 헨리 키신저Henry Kissinger 백악관 안보보좌관과 저우언라이周恩來 총리도 주목받았다. '독특하기 그지없는 중국 외교관들'도 당시 큰 이목을 끌었다. 이들은 미·중 수교뿐만 아니라 중국이 서방과 관계를 개선할 때마다 중요한 구실을 했다.

1972년 '중국 외교관들'이 미국국립동물원을 방문한다. '이들'은 영국과 일본 등 미국의 우방국을 방문하며 그 나라들과도 관계 개선에 나섰다. '이들'은 가는 곳마다 극진한 환대를 받았다. 적대시한 나라는 단 한 곳도 없었다. 이 '외교관들'의 활동 덕분에 중국의 국가 이미지도 크게 개선되었다.

이 '외교관들'은 중국인이 아니었다. 중국에만 사는 동물 판다다. 판다는 턱시도를 입고 뿔테 안경을 쓴 것 같은 귀여운 외모를 가진 곰과 동물이다. 인간을 포함한 대부분의 동물은 성체가 되면 어릴 적 귀여움을 잃는다. 그러나 판다는 그렇지 않다. 어른이 되어도 여전히 귀엽다.

중국의 '판다 외교'

판다는 육식을 즐기는 곰과 동물이지만, 다른 친척들과 달리 채식주의자다. 칼로리가 낮은 대나무 잎을 하루 종일 먹는다. 체구를 유지하려면 먹고 또 먹어야 한다. 외모, 행동, 식성을 보면 중국이 왜 판다를 외교 수단으로 활용했는지 이해할 수 있다. 자신이 원하는 이미지를 상대에게 각인하는 것을 '이미지 메이킹'이라고 하는데, 판다가 가진 평화 이미지를 중국이라는 나라에 덧씌우길 희망한 것이다.

중국이 해외 동물원에 파견한 판다는 많은 관람객을 모으며 그 동물원을 상징하는 마스코트가 되었다. '판다 외교panda diplomacy'라는 신조어가 등장할 만큼 중국의 시도는 대단한 성공을 거두었다. 판다가 20세기 중국 외교사에 큰 획을 그은 것이다. 원 히트 원더one-hit wonder는 히트곡 하나를 남기고 사라지는 가수를 가리키는 말이다. 판다는 떠돌이 반짝 인기 가수가 아니었다. 1972년보다 지금의 인기가 높다. 판다라는 동물 자체의 매력에서 비롯한 인기가 문화 산업으로 확산했다.

애니메이션 〈쿵푸 팬더〉(2008년)는 판다의 인기를 한 단계 격상하는 데 기여했다. 판다 애호가들은 잭 블랙Jack Black이 목소리를 더빙한 주인공 '포'를 잊지 못한다. 미국 고속도로 주변이나 대학가에는 '판다 익스프레스Panda Express'라는 중국 요리 체인점이 많다. 이 체인점의 특징은 햄버거나 샌드위치처럼 음식을 빠르게 내놓으면서도 중국 요리 특유의 맛을 내는 것이다. 1972년 판다를 미국에 보낸 중국 지도자들은 판다가 이렇듯 대중의 사랑을 받으리라고 예상했을까?

판다라는 동물이 세계 곳곳에 널리 알려진 계기는 1972년 미·중 정상회담이었으나, '판다 외교'는 잘 알려지지 않았을

중국 외교관인 판다가 미국을 방문하면서 두 나라의 관계는 개선되기 시작했다. 판다는
가는 곳마다 극진한 환대를 받았다.

뿐 이전에도 존재했다. 1957년 중국은 사회주의 맹방盟邦인 소련에 판다를 보냈다. 북한을 포함한 다른 사회주의 국가들도 '판다 동맹'에 포함되어 있었으나, 판다 외교는 소련에 판다를 보낸 1957년보다도 일찍 시작되었다.

돈을 사랑한 여인, 나라를 사랑한 여인

20세기 중국 역사는 파란만장하다. 그러나 난세에 영웅이 등장하는 법이다. 권력을 차지하고자 굵직한 인물들이 자웅을 겨루었다. 능력과 영향력에서 남성을 압도하고도 남는 걸출한 여성들도 있었다. 이들을 빼고 중국 현대사를 설명하기 어려울 정도다. 공교롭게도 '그녀'들은 같은 부모를 가진 친자매였다.

3인의 여걸女傑은 사업가 쑹자수宋嘉澍의 딸로 세간은 '쑹자매Soong sisters'라고 칭했다. 쑹자수는 딸들을 영어에 능통하며 국제 감각을 갖춘 인재로 키우고자 미국 웰즐리대학으로 유학 보냈다. 세 자매는 부친의 희망처럼 역량을 갖춘 인재로 성장했다. 그리고 자신들의 눈높이에 맞는 남편들을 만난다. 장녀 쑹아이링宋藹齡은 세 자매 중 가장 현실적인 선택을 한다.

그는 대학을 졸업한 후 청나라를 무너뜨린 신해혁명의 주역 쑨원孫文의 비서로 일했다. 결혼을 위해 그 일을 그만두면서 그 자리를 동생인 쑹칭링宋慶齡에게 물려준다. 쑹아이링은 1914년 당대의 갑부인 쿵샹시孔祥熙와 결혼해 1940년대 미국으로 생활 터전을 옮겼다. 부잣집에서 태어나 갑부와 결혼한 그를 두고 중국인들은 '돈을 사랑한 여인一個愛錢'이라고 했다.

쿵샹시는 자본가 출신의 관료였다. 쑨원의 일을 돕다가 훗날 중화민국 재무부 장관, 중앙은행 총재, 총리로 일했다. 국민당이 타이완으로 패주하자 아내 쑹아이링과 함께 자신이 학창 시절을 보냈던 미국에 정착해 그곳에서 여생을 보냈다. 쿵샹시는 예일대학에서 석사학위와 박사학위를 취득한 인재이기도 했다.

쑹칭링은 쑨원과의 인연이 인생을 송두리째 바꿔놓는다. 언니가 결혼한 이듬해인 1915년 쑹칭링은 쑨원과 결혼했다. 그러나 스물여섯 살이나 많은 쑨원과의 결혼 생활은 10년 만에 끝났다. 1925년 쑨원이 60세의 나이에 간암으로 사망했기 때문이다.

쑹칭링은 국민당에서 핵심 역할을 한 가족들과 전혀 다른 선택을 한다. 그는 중국이 공산화된 이후 중화인민공화국에서 권력의 최상부에 올랐다. 1959년 중국 제2대 부주석으로 취임하며 권력 서열 2위를 차지했다. 그를 두고 중국인들은 '나라를 사랑한 여인一個愛國'이라고 했다.

권력을 사랑한 여인

쑹자매 중 가장 유명한 인물은 쑹칭링이 아닌 막내 쑹메이링 宋美齡이다. 쑹메이링은 1927년 열 살이나 많은 국민당 실력자 장제스와 결혼했다. 장제스는 이듬해인 1928년 난징南京에서 국가주석으로 취임한다. 쑹메이링이 32세에 퍼스트레이디가 된 것이다. 장제스는 쑹메이링과 결혼하기 전 유부남이었다. 기독교 신자인 쑹메이링과 달리 불교 신자이기도 했다. 쑹메이링을 놓치고 싶지 않았던 장제스는 부인인 천제루陳潔如와 이혼하고, 불교에서 기독교로 개종했다.

젊은 나이에 퍼스트레이디가 된 쑹메이링은 다양한 분야에서 두각을 나타냈다. 화려한 외모, 뛰어난 언변, 능숙한 대인관계가 그를 국제적인 스타로 만들었다. 미국 시사주간지『타임』이 쑹메이링을 표지 모델로 삼기도 했다. 쑹메이링은 1943년 미국 하원에서 일본과 싸우는 중국에 대한 전폭적인 지원을 호소하는 연설을 했다. 중국인으로는 최초였다.

32세에 퍼스트레이디가 된 쑹메이링은 화려한 외모, 뛰어난 언변, 능숙한 대인관계로 인해 국제적인 스타가 되었다. 또 중국인 최초로 미국 의회에서 연설을 했다.

쑹메이링은 정치적으로도 상당한 내공을 갖추고 있었다. 특히 정무 감각이 탁월했다. 아래의 두 사건을 보면 그의 내공을 충분히 짐작해볼 수 있다. 첫 번째는 시안사변西安事變이다. 1936년 제1차 국공 내전 당시 장제스가 홍군과의 전투를 독려하고자 시안을 방문했는데, 그곳에서 동북군 총사령관 장쉐량張學良에게 납치된다. 국민당 내부에서 쿠데타가 일어난 것이다. 장쉐량은 부친 장쭤린張作霖의 대를 이은 만주 군벌이었다. 부친이 일본군에 의해 폭살되고, 근거지인 만주를 잃은 터라 일본에 대한 증오감이 컸다.

장쉐량으로서는 같은 동포인 홍군과의 전투보다 일본군을 몰아내는 것이 중요했다. 반면 장제스는 항일 투쟁보다 홍군 토벌이 우선이었다. 결국 두 사람은 시안에서 충돌했고, 장제스는 장쉐량의 손에 사로잡힌 포로 신세가 되고 만다.

이 사건을 해결한 사람이 쑹메이링이다. 그는 사태를 조기에 수습하지 못하면 국민당이 분열되고, 남편 장제스의 목숨이 위태로울 것이라고 판단했다. 그래서 급히 시안으로 가서 장쉐량을 설득했다. 남편을 살리고자 자신의 목숨을 건 대담한 행동이었다.

쑹메이링은 장쉐량과 담판을 통해 장제스를 석방시켰다. 더욱 놀라운 일은 장쉐량이 모든 권력을 내려놓고 국민당 수도인 난징으로 자진 출두한 것이다. 장쉐량은 평생을 국민당의 포로 신세로 살았다. 역사에 가정은 없다지만 쑹메이링이 없었다면 중국사는 다르게 흘러갔을 것이다.

두 번째는 쑹메이링이 미국에서 펼친 '판다 외교'다. 그는 1941년 12월 국민당의 최대 우군인 미국을 감동시키고자 미국인들이 좋아할 만한 선물인 판다 2마리를 데리고 뉴욕 브롱크스동물원을 방문한다. 이 판다들은 1972년 미·중 정상회담 때의 판다들보다 31년 앞서 태평양을 건넜다.

쑹메이링은 그 직전인 1941년 11월 미국인을 상대로 라디오 연설을 했다. 이 연설에서 미국인들에게 판다를 보면서 양국의 우정을 더욱 공고히 해달라고 당부했다. 미국인들은 쑹메이링과 판다에게 매료되었다. 1941년 쑹메이링의 판다 외교가 1972년의 판다 외교보다 덜 알려진 것은 미·중 수교와 같은 큰 이슈가 없었기 때문이다.

쑹메이링은 '권력의 화신—個愛權'이라는 비판을 듣는다. 그 비판을 다시 비판할 생각은 없다. 틀린 것이 아니기 때문이다. 그는 권력욕이 누구보다도 강한 인물이었다. 그렇더라도 권력욕에 덧붙여 탁월한 정무 감각까지 가진 인물로 평가하는 것이 더 객관적일 것 같다. 쑹메이링은 귀여운 판다가 미국인의 마음을 움직일 수 있다는 점을 꿰뚫고 있었다.

중국은 돼지를
어떻게 지켜낼까?

중국이 세계의 은을 빨아들이다

강력한 중력으로 우주에서 가장 빠른 존재인 빛조차 빠져나
갈 수 없도록 빨아들이는 천체天體를 블랙홀이라고 한다. 세
계 2위 경제 대국 중국이 블랙홀처럼 지구의 특정 자원을 흡
수할 것으로 예상된다. 그런데 중국이 블랙홀 노릇을 한 것은
다가올 미래가 처음은 아니다. 이미 두 차례의 선례가 있다.

　중국이 경험한 첫 번째 블랙홀은 종료되었다. 블랙홀의 문
이 닫혀 역사가 되었다. 두 번째 블랙홀은 아직 끝나지 않은,

살아 있는 역사다. 영어 시제로 말하면 과거에 시작해 현재까지 계속되는 현재완료형 중에서도 계속적 용법이다. 첫 번째 블랙홀은 18세기 중반에 시작해 19세기 중반에 끝났다. 중국은 당시 가치 있는 재화 중 하나이던 은銀을 빨아들였다. 중국으로 들어간 은은 외부 세상으로 다시 나가려 하지 않았다. 강력한 구심력 때문이었다.

블랙홀 이론과 관련해 물리학자 2명이 자주 언급된다. 알베르트 아인슈타인Albert Einstein이 일반 상대성 이론으로 이론적인 기반을 마련했다면, 스티븐 호킹Stephen Hawking이 이를 수정하고 보완했다. 스티븐 호킹의 이론 중 눈길을 끄는 것은 '블랙홀의 증발 이론'이다. 외부에서 얻는 질량보다 많은 질량을 잃으면 블랙홀이 사라진다는 것이다. 중국의 첫 번째 블랙홀이 19세기 중반에 사라진 것은 호킹의 증발 이론처럼 중국으로 유입된 은의 양보다 외부로 유출된 양이 많아졌기 때문이다.

첫 번째 블랙홀이 나타난 18세기 중반 중국의 지배 민족은 4억 인구의 절대다수 한족漢族이 아니었다. 과거 여진이나 말갈로 불리던 만주족이 중국을 지배했다. 만주족이 세운 청나라는 당시가 전성기였다. 태평성대의 시작은 천고일제千古一帝, 즉 1,000년에 한 번 나오는 황제인 강희제康熙帝 때부터다. 그의 치세는 아들 옹정제雍正帝, 손자 건륭제乾隆帝로 이어지며 130년 동안 최고의 전성기가 이어진다. 그 건륭제 치세 때 블랙홀이 나타났다.

청이 은을 끌어모을 때 은은 지금의 미국 달러와 비슷한 기축통화 구실을 했다. 청은 은본위제 국가로 세금도 은으로 거두었다. 이전의 명나라 때부터 실시되던 조세제도인 일조편법—條鞭法과 청의 지정은地丁銀은 모두 은을 기반으로 한다. 따라서 청과의 교역은 모두 은으로 이루어졌다.

세계 은의 3분의 1이 중국에 있었다는 말이 있을 만큼 청은 막대한 양의 은을 보유했다. 청의 은은 정복 전쟁을 통해 빼앗거나, 식민지 착취 행위로 모은 것이 아니라 무역을 통해 벌어들인 것이다. 당시 청의 무역은 독특했다. 상품을 외국에 팔기만 하고, 사지는 않았다. 그 결과 청은 매년 막대한 무역 흑자를 달성했고, 갈수록 더 많은 은을 보유하게 되었다.

외국의 상인은 중국에서 물건을 구입해 서구에 팔면 큰 이문을 남길 수 있었다. 청의 수출품은 차茶, 도자기, 비단 등으로 품질에서 확실한 국제 경쟁력을 갖추었다. 특히 수출액의 90퍼센트 정도를 차지한 차의 존재감은 대단했다. 중국의 차는 18세기 중반 국제 무역시장에서 킬러앱이었다.

영국이 아편전쟁을 일으킨 이유

중국이 서구 상품을 수입하지 않은 것은 중국인의 눈으로 볼 때 서양 물건은 하나같이 조악하고, 유치하게 보였기 때문이다. 그러니 은을 지불할 가치를 느끼지 못한 것이다. 이러한 무역의 결과, 세계의 은은 중국으로 모인 후 중국 밖으로 나갈 생각을 하지 않았다.

18세기 중국산 차는 서구인을 매료시켰다. 구매력이 큰 소수의 귀족뿐만 아니라 중산층은 물론 노동자들까지 차를 찾았다. 서구는 향긋한 차가 주는 매력에 푹 빠졌다. 유럽인은 동방의 차를 구입하고자 적지 않은 비용을 들였다. 달콤한 비스킷 한 조각과 함께 차를 마시는 티타임은 새롭게 경험한 소소하지만 확실한 행복이었다.

요즘도 밥값보다 비싼 커피를 마시는 경우가 꽤 있다. 경제적인 관점에서만 보면 합리적이지 않은 행동이다. 하지만 커피가 주는 즐거움이 한 끼 밥이 주는 만족보다 클 수도 있다. 세상은 이렇게 경제적인 잣대로만 움직이지는 않는다. 18세기 유럽인에게 중국산 차는 이와 비슷했다. 당시의 차는 현대의 커피보다 훨씬 비싼 사치품이었다.

문제는 중국과 서구의 평평하지 않은 무역 구조가 고착화

영국은 대중 무역에서 적자를 면치 못하자, 아편을 식민지 인도에서 들여와 청의 뒷골목에 유통시켰다. 아편은 중독성이 강해 상류층부터 빈민층, 부녀자, 승려까지 중독되었다.

했다는 점이다. 협상으로 해결할 수 있는 상황도 아니었다. 만성적인 대중對中 무역적자에 시달린 영국은 역사상 가장 비열한 방법으로 문제를 해결한다. 영국은 아편을 식민지 인도에서 들여와 청의 뒷골목에 유통시켰다. 중독성이 강한 아편의 위력은 대단했다. 영국은 무역수지 균형을 단기간에 맞추고 종국에는 무역흑자까지 발생했다. 청의 뒷골목에서는 아편 중독자가 늘어났다. 청의 분노는 극에 달해 아편은 압수되고 불태워졌다.

아편 사업 회복을 원한 영국은 역사상 가장 추악한 전쟁으로 평가되는 아편전쟁(1840년)을 일으켰다. 전쟁은 영국군의 승리로 끝났다. 청군淸軍은 평화에 중독되어 이빨과 발톱이 빠진 호랑이 신세였지만, 전쟁을 일으킨 영국군은 전쟁으로 단련된 군대였기 때문이다. 이로써 중국의 첫 번째 블랙홀은 완전히 증발하고 만다.

덩샤오핑의 흑묘백묘론

중국의 두 번째 블랙홀은 아직 종료되지 않았다. 그 규모가 계속 확장되고 있다. 중국은 매년 무역을 통해 엄청난 규모의 외화를 빨아들인다. 중국은 2020년 12월 기준 3조 2,170억 달러의 외환을 보유하고 있다. 외환보유고 세계 1위로 2위 일본의 3배, 8위 한국의 8배에 달하는 압도적인 규모다.

두 번째 블랙홀의 최초 기획자는 실용주의자 덩샤오핑鄧小平이다. '검은 고양이든 흰 고양이든 쥐만 잘 잡으면 된다'는 흑묘백묘론黑猫白猫論으로도 잘 알려진 그는 이념의 울타리에 매몰되어 있던 낙후된 중국의 경제를 정치에서 분리해낸 업적을 가지고 있다.

덩샤오핑은 1978년 전국인민정치협상회의의 주석 자격으로 중국의 실권을 잡는다. 그는 모든 가치의 최우선에 경제를 두었다. 그의 집권 이후부터 중국은 매년 가파른 경제성장을 계속했다. 세계의 공장으로 성장한 제조업 강국 중국은 영국, 프랑스, 독일, 일본 같은 쟁쟁한 경제 대국을 경제 규모에서 앞서게 되었다. 이제는 미국에 이은 두 번째 경제 대국으로 성장했다.

중국 경제성장의 자양분은 수출이었다. 중국은 수출을 통해 막대한 규모의 무역흑자를 거두었다. 하지만 거대한 무역흑자는 중국에 양날의 검과 같다. 중국의 무역흑자가 다른 나라에는 무역적자를 의미하기 때문이다. 특히 막대한 무역적자를 기록하던 미국의 불만은 쌓여만 갔다. 과유불급이라는 공자의 말에서 나타나듯이 지나친 것은 화를 부르기 마련이다.

2018년 미국의 무역적자는 사상 최대를 기록했다. 특히 상품수지 적자 규모가 8,913억 달러에 달했는데, 그중 대중 무역적자는 4,192억 달러로 전체 무역적자의 47퍼센트를 차지했다. 참다못한 미국은 거대한 관세 폭탄을 중국을 향해 투하했다.

기축통화인 미국의 달러를 무섭게 빨아들이는 두 번째 블

坚持党的基本路线一百年不动摇

덩샤오핑은 검은 고양이든 흰 고양이든 쥐만 잘 잡으면 된다는 흑묘백묘론을 내세워 낙후된 중국의 경제를 발전시켰다. 중국 선전深圳의 리치파크Lychee Park에 있는 덩샤오핑의 업적을 기리는 선전물.

랙홀은 첫 번째 블랙홀과 놀랄 만큼 유사하다. 중국은 두 번의 블랙홀에서 상대방의 값진 재화를 엄청난 규모로 흡수하면서도 상대방의 물건을 구입하는 데는 인색했다. 별다른 성의를 보이지 않았기 때문이다. 이런 식의 거래는 상대방의 화를 돋우기 마련이다. 결국 두 번 모두 심각한 갈등이 발생했으며 충돌이 일어났다. 첫 번째는 물리적인 전쟁이 일어났고, 두 번째는 무역 전쟁이 발생한 상태다.

두 번째 블랙홀은 중국 외교정책의 전환과도 관련이 깊다. 1978년 집권한 덩샤오핑은 2078년까지 100년 동안 중국의 내실을 다지는 일에 노력을 집중한다는 노선을 내세웠다.

국제사회에서 함부로 근육을 자랑하지 않겠다는 뜻이었다. 덩샤오핑은 그 정도 기간은 서구와의 긴장 관계 대신 국력을 키워야 한다고 생각했다.

덩샤오핑의 이 같은 외교는 어둠 속에서 힘을 기른다는 도광양회韜光養晦로 요약된다. 도광양회는 『삼국지연의』에서 제갈량이 유비에게 천하삼분지계를 제안하며 꺼낸 말이다. 제갈량은 중원에 기반을 잡은 조조와 강동에 터를 잡은 손권에 대항하려면, 파촉에 웅크려 충분한 힘을 길러야 한다고 주장했다.

중국 외교의 방향은 후진타오胡錦濤 주석 시절부터 약간의 변화가 시작되었다. 2003년 발표된 외교정책 방향인 화평굴기和平崛起는 '평화롭게 우뚝 선다'는 뜻을 가졌으나 방점은 '화평'이 아닌 '굴기'에 있었다는 것을 중국인이나 외국인이나 모두 아는 일이었다. 시진핑習近平 주석은 중국의 패권 추구를 더는 숨기려 하지 않는다. 시진핑은 2012년 미국과 동등한 관계, 국제사회에서 위상 찾기, 경제 패권국가로 도약 등을 내용으로 한 중국몽中國夢을 발표했다. 또한 중국 주도의 실크로드인 일대일로一帶一路도 추진하고 있다.

시진핑이 집권한 후 미국과 중국은 곳곳에서 갈등을 빚었다. 2078년까지 도광양회할 것을 당부한 덩샤오핑이 맞을

지, 패권의 의지를 드러낸 시진핑이 맞을지는 시간과 역사가 판단할 것이다. 그리고 이는 두 번째 블랙홀의 증발과도 관련이 있다.

돼지고기가 천하를 안정시킨다

가까운 미래 중국에 등장할 블랙홀은 앞서 발생한 것과는 성격이 다를 것이다. 미래의 블랙홀은 돈이 아닌 식량과 관련이 있다. 중국인의 주식이나 다름없는 먹을거리를 중국이 엄청나게 빨아들일 것으로 추정된다.

18세기 중반 첫 번째 블랙홀이 발생했을 때 중국 인구는 4억 명이었으나, 세 번째 블랙홀 발생이 임박한 21세기 초반 인구는 그때보다 10억 명이나 증가한 14억 명이 되었다. 14억 중국인을 이끄는 정치 지도자가 한시라도 잊어서는 안 되는 중요한 경구가 있다. '저량안천하猪糧安天下', 즉 돼지고기와 식량이 천하를 안정시킨다는 뜻이다. 거꾸로 해석하면 돼지고기와 식량이 부족하면 나라의 안정이 담보되지 않음을 의미한다.

저량안천하에서 눈여겨볼 대목은 글자의 배열 순서다. 돼지고기의 저猪가 식량의 양糧보다 먼저 등장하는데, 이는 중국인이 돼지고기를 식량보다 중요하게 여긴다는 것을 방증한다. 따라서 평안하게 정치하려면 시장에 돼지고기의 공급이 부족해서는 안 되며, 돼지고기를 충분히 먹는 세상이 태평성대인 셈이다.

미국 농무부 자료에 의하면, 2017년 기준 세계 돼지고기 소비량은 1억 1,059만 톤이다. 그중 중국인이 소비한 양은 절반가량인 5,494만 톤이다. 14억 중국 인구가 70억 인류가 먹는 돼지고기의 절반을 먹은 셈이다. 중국인 1인당 돼지고기 소비량도 38.6킬로그램이다. 한국인보다 13킬로그램이나 많은 돼지고기를 소비한다. 돼지고기가 없는 중국 요리는 감히 상상하기도 어렵다. 돼지고기는 다른 육류가 가지지 못한 깊은 풍미와 부드러운 질감을 갖고 있다.

중국은 엄청난 돼지고기 수요를 충족하기 위해 세계 돼지 사육 두수頭數의 절반에 달하는 4억 5,000만 마리를 기르고 있다. 2018년에는 5,496만 톤의 돼지고기를 생산해 5,624만 톤을 소비했다. 수요에 미치지 못한 공급량 탓에 128만 톤을 해외에서 조달했다. 2020년에는 수입 물량이 439만 톤으로 급증했다.

한국인도 돼지고기를 무척 사랑한다. 소비량도 많고, 관련

중국에서는 '저량안천하'라고 하면서 돼지고기를 식량보다 중요하게 여겼다. 2017년 중국은 세계 돼지고기 소비량의 절반가량인 5,494만 톤을 소비했다.

산업 규모도 크다. 김치찌개, 돈가스, 카레, 짜장면, 제육볶음, 잡채, 탕수육, 족발, 삼겹살 등 인기 높은 음식의 식재료가 돼지고기다. 아이들이 즐겨 찾는 소시지, 햄, 베이컨 등 축산 가공품 원료도 돼지고기다.

2018년 한국인 1인당 육류 소비량은 53.9킬로그램이다. 이 중 돼지고기 소비량은 25.2킬로그램으로 전체 육류 소비량의 46.8퍼센트다. 쇠고기와 닭고기를 합친 소비량 26.7킬로그램(49.5퍼센트)과 비슷하다.

중국 돼지를 살찌우는 것은 잔반殘飯이 아닌 콩이다. 콩으로 만든 대두박大豆粕이 돼지의 주식이다. 중국은 2018년 기준 1,420만 톤의 콩을 생산했으나, 그 정도로는 수요를 충당할 수 없었다. 결국 9,600만 톤의 콩을 수입해 돼지들에게 먹였다. 중국은 돼지고기 생산량이 소비량에 미치지 못해 수입해야 하고, 돼지 사료인 콩은 절대량이 부족해 해외에서 대량 수입해야 한다.

2018년부터 미·중 양국이 무역 전쟁을 벌이면서 상대국에서 수입하는 물품에 고율 관세를 부과한다. 중국은 돼지의 주식인 미국산 대두박은 물론 미국산 돼지고기에 대해서도 높은 관세를 매겼다. 이는 당시 도널드 트럼프Donald Trump 행정부를 지지하던 팜 벨트farm belt 지역의 농민들에게 타격을

주기 위한 목적으로 풀이된다. 이 때문에 중국 내 양돈농가와
소비자가 경제적인 부담을 떠안게 되었다.

아프리카돼지열병은 종식될 수 있을까?

미국과 중국이 무역 전쟁을 벌이는 와중에 중국 정부가 예상
하지 못한 악재가 2018년 8월 3일 발생했다. 백신도 치료약
도 없는 바이러스성 전염병인 아프리카돼지열병이 랴오닝성
遼寧省 선양瀋陽에서 발병한 것이다.

선양은 800만 명이 사는 대도시다. 동북 3성에서 도시 규
모가 가장 크다. 내륙에 있으나 항구도시에 뒤지지 않을 만큼
수많은 노선의 철도와 항공 편이 연결되어 있어 인적·물적
교류가 활발히 이루어지는 곳이다. 다시 말해 사통팔달인 선
양은 육상, 철도, 항공 교통의 중심지다. 물동량이나 유동 인
구도 동북 3성에서 압도적이다.

교류가 많다는 사실은 전염병을 퍼뜨리기 쉽다는 뜻이다.
아프리카돼지열병은 선양을 시작으로 중국 각지로 번져나갔
다. 2019년 2월까지 32개 광역행정구역(성省, 시市, 자치구自
治區) 88퍼센트에 해당하는 28곳에서 발병했다. 4월 22일에

는 중국 최남단 하이난성海南省까지 퍼져나갔다. 중국발 아프리카돼지열병은 베트남, 캄보디아, 몽골에 이어 5월 한반도에도 상륙했다.

문제는 중국의 돼지고기 부족 사태가 단기간에 해결될 사안이 아니라는 점이다. 돼지고기는 살아 있는 돼지의 몸에서 생산된다. 부족 물량을 공장에서 생산할 수가 없다. 돼지는 생육 기간을 가진 포유동물이다. 임신, 출산, 성장, 비육 기간을 거쳐야 한다. 중국 돼지에게 큰 피해를 주고 있는 아프리카돼지열병과 관련해 포르투갈과 스페인은 발병 36년과 35년이 지나서야 비로소 전염병 종식을 선언할 수 있었다. 이는 중국이 앞으로 치러야 할 전염병과의 전쟁이 장기전이 될 가능성이 있음을 의미한다.

중국은 아프리카돼지열병이 완전히 종식될 때까지 과거보다 많은 물량의 돼지고기를 수입해야 할 것이다. 그런데 돼지고기는 특성상 국제시장에서 대량 구입이 어렵다. 돼지고기 생산국에서 내수용으로 대부분 소비하기 때문이다.

따라서 중국이 수입을 통해 돼지고기 문제를 해결하기 어려울 수 있다. 아프리카돼지열병 피해가 없던 2017년 돼지고기 소비량 5,494만 톤을 중국의 평균 돼지고기 소비량으로 가정하고, 여기에 네덜란드의 라보뱅크Rabobank가 추정한 중국 돼지고기 생산량 감소 비율인 30퍼센트를 넣고 계산하면, 연간 1,648만 톤의 부족분이 나온다.

이는 돼지고기 국제 수출량만으로 감당하기에는 어렵다. 물론 라보뱅크의 추정이 과한 측면이 있는 것도 사실이다. 세 번째 블랙홀은 중국 양돈산업이 당하는 피해 규모에 따라 크기가 다를 것이다. 라보뱅크의 전망대로 상황이 전개되면 중국인은 돼지고기 대신 쇠고기와 닭고기 같은 대체 육류를 찾을 것이다.

돼지는
죄가
없다

중국인은 네 발 달린 것은 다 먹는다

'중국인은 네 발 달린 것은 책상 빼고 다 먹는다'고 한다. 물론 과장 섞인 말이나 터무니없다고 일축하기는 어렵다. 개인적인 경험으로 보면 틀린 말은 아닌 것 같다. 중국 요리는 풍부한 식재료와 다양한 양념을 바탕으로 한 불과 기름의 향연이다. 보는 것도 즐겁고 맛보는 것도 즐겁다. 상상을 초월하는 다채로운 식재료를 활용한 요리가 많다.

'네 발 달린 것은 다 먹는' 중국인의 사랑을 수천 년 동안

중국인들은 네 발 달린 것은 다 먹는다고 하는데, 그중에서 솔 푸드인 돼지고기를 선호한다. 중국 시장의 돼지고기를 파는 상점.

독차지한 고기가 있다. 중국인에게 일종의 솔 푸드soul food 같은 이것은 다름 아닌 돼지고기다. 중국인의 돼지고기 선호는 쇠고기를 특히 즐기는 유럽인과 비교된다.

근대 유럽의 부유층은 쇠고기에 대한 열망이 강해 쇠고기 요리 맛을 돋우는 후추 같은 향신료를 찾고자 원양으로 나아가 새로운 항로를 개척했다. 아일랜드에서는 농사를 지어 백성을 먹일 땅을 목초지로 만들어 소를 키웠다. 곡류 부족으로 굶는 사람이 등장해도 쇠고기 사랑은 식지 않았다.

유럽과 달리 중국에서 소는 식재료보다는 '농기구'면서 '운송 수단'이었다. 짐을 나르고 밭일 같은 중노동을 하다 보니 온몸이 근육질이었다. 일만 하는 역우 고기가 먹고 살만 찌운 비육돈肥育豚 육질을 따라갈 수 없었다. 맛으로 쇠고기가 돼지고기를 이길 수 없었던 것이다.

중국인에게 돼지고기는 다른 고기와는 격이 완전히 다른 존재다. 돼지고기를 칭할 때 그냥 '고기肉'라고 한다. 다른 고기는 정체성을 분명히 해서 일컫는다. 쇠고기는 우육牛肉, 양고기는 양육羊肉이다. 돈육豚肉은 한국식 표현이라고 할 수 있다.

중국 음식은 세계로 뻗어나갔다. 한국에서도 오랫동안 사랑받았다. 중국 음식점에 가면 고기 종류는 언급하지 않은 채 육肉자만 붙은 요리를 볼 수 있다. 이런 음식은 하나같이 돼지고기 요리다.

소동파와 동파육

당·송 시대는 역사상 유례를 찾기 힘들 만큼 뛰어난 문장가가 연거푸 등장해 중국 문학이 기틀을 잡은 시기다. 당송팔대가 중에서도 동파거사東坡居士 소식蘇軾이 탁월하다. 소동파의 시는 가볍지 않고 이지적이면서 철학적 요소가 짙다. 맛으로 치면 묵직하다. 소동파의 명성은 비단 송에만 머물지 않았다. 고려나 조선의 지식인 중 소동파의 시를 읽지 않은 이가 없었다.

소동파의 재주는 시문은 물론 그림, 글씨, 의학, 심지어 요리 연구에도 있었다. 미식美食 사랑이 지극해 『동파주경東坡酒經』이라는 요리책까지 남겼다. 소동파의 재능은 르네상스 이탈리아를 대표하는 만능 재주꾼 레오나르도 다 빈치Leonardo da Vinci와 겨루어도 밀리지 않는다.

소동파가 개발한 요리 중 중국뿐만 아니라 한국에서도 극찬을 받는 음식이 둥포러우東坡肉다. 한국에서 '동파육'이라고 불리는 이 요리는 소동파가 저장성浙江省 항저우杭州에 살 때 개발한 것이다. 잘 만든 둥포러우를 한입 베어물면 고기가 혀에서 녹는 터라 이가 할 일이 없다. 고소하면서도 부드러운 맛을 주는 비계 덕분이다. 부지불식간 고기가 배 속으로 내려간다.

술은 요리의 풍미를 더한다. 둥포러우를 더욱 맛나게 즐기려면 좋은 술을 곁들여야 한다. 찹쌀 발효주인 사오싱주紹興酒 한 잔을 둥포러우에 곁들여 들이켜면 금상첨화다. 사오싱紹興은 소동파가 살았던 항저우에 이웃한 도시로 둥포러우가 이 술을 만나면 이웃사촌을 만난 것과 같다. 둥포러우의 '러우肉'도 다른 고기가 아닌 돼지고기다.

한국에 있는 중국 식당에서 '국민 음식'으로 불리는 메뉴는

당송팔대가 중 한 명인 소동파는 저장성 항저우에 살 때 둥포러우를 개발했다. 얼마나 고소하고 부드러운지 둥포러우를 한입 베어물면 고기가 혀에서 녹는다.

달달한 고기 튀김의 대명사 탕수육糖水肉이다. 탕수육은 한국에 건너와 현지화한 중국 요리다. 튀김옷에 몸을 숨겨 고기의 정체를 눈으로 볼 수 없으나 역시 돼지고기다. 탕수육의 중국 본토 친척인 궈바오러우鍋包肉도 돼지고기 요리다.

중국인은 돼지고기가 아닌 다른 고기를 사용해 요리한 음식은 어떤 고기로 만들었는지 친절하게 설명한다. 닭고기를 녹말을 묻혀 튀긴 후 매운 양념을 입힌 라조기辣子鷄는 주당酒黨의 입을 즐겁게 하는 안주다. 라조기를 음미한 후 입이 매워지면 시원한 맥주로 씻어내보자. 작은 천국에 온 느낌이다.

라조기의 '기'는 닭鷄을 뜻한다. 중국어 표준 발음으로 라

1882년 무위영과 장어영의 군인들이 별기군과의 차별에 불만을 품고 임오군란을 일으켰다. 그 배후로 지목된 흥선대원군은 톈진으로 압송되었다.

조기는 '라쯔지'로 읽는다. 21세기 베이징에서는 닭을 '지'라고 발음한다. 한국의 중국 음식점에서 '라쯔지'라고 하지 않고, 라조기라고 일컫는 것에는 숨어 있는 역사적 배경이 있다. 100여 년 전 산둥山東에서는 닭을 '지'가 아닌 '기'라고 읽었다.

1882년 무위영武衛營이나 장어영壯禦營 소속 구식 군인들은 조정에서 힘을 실어준 신식 군인인 별기군別技軍에 콤플렉스를 가졌다. 구식 군인들의 불만은 결국 임오군란이라는 병란으로 이어진다. 임오군란은 명성황후가 요청한 청군에 의해 진압되고, 이 사건의 배후로 의심받은 흥선대원군은 톈진天津으로 압송된다. 청군들은 서울의 외항인 인천으로 상륙했는데, 그 무리에 인천에서 가까운 산둥 출신 노동자와 상인이 섞여 있었다. 그중 일부가 귀국하지 않고 인천에 남아 화교의 시조가 된다. 한국식 중국 음식의 뿌리가 산둥 요리에 있는 까닭이다.

콩을 확보하면 중국을 차지할 수 있다

21세기를 사는 중국인의 돼지고기 사랑은 조상에게 결코 뒤지지 않는다. 최근에는 경향이 바뀐 이들도 있으나, 한국인은 세끼 모두 밥을 먹으면서 살아왔다. 그렇게 매일 쌀을 먹어치워도 1인당 쌀 소비량은 2020년 기준 57.7킬로그램에 불과하다. 중국인은 쌀과는 비교하기 어려운 고칼로리 음식인 돼지고기를 1인당 연간 38.6킬로그램(2017년)이나 먹는다. 이쯤 되면 중국에서 돼지고기 요리는 반찬 개념이 아닌 주식 관점에서 들여다보아야 한다.

중국의 경제에서 돼지고기 위상은 대단하다. 소비자물가지수에서 돼지고기가 차지하는 비중이 3퍼센트에 달한다. 돼지고기 관련 산업 종사자 수도 남북한 인구를 합친 것보다 많은 것으로 추산된다. 따라서 통제 불능의 가축 전염병이 창궐하거나, 사료 공급에 문제가 생겨 돼지고기 수급이 원활하지 못할 경우 물가는 물론 경제에 상당한 악영향을 주게 된다. 주식 공급이 흔들리면 단순한 경제 문제가 아닌 정치 문제로 비화할 수도 있다.

중국 돼지들은 대두박이라고 하는 콩깻묵을 가공한 사료를 먹는다. 콩은 영양학적으로 우수하다. 단백질 함유량이 30~50퍼센트, 지방도 13~25퍼센트나 되어 밭에서 나는 쇠고기로 불릴 정도다. 콩은 좋은 품질의 돼지고기를 저렴하고 안정적으로 공급하려는 중국이 좋아할 수밖에 없는 사료다.

그런데 중국 양돈산업은 문제점을 갖고 있다. 돼지에게 먹일 콩이 태부족한 게 그것이다.

콩의 원산지는 화베이성華北省과 둥베이성東北省으로 추정된다. 화베이성은 베이징을 포함한 북北중국 일대로 중원으로 불린 곳이다. 예부터 '중원을 차지하면 중국을 얻을 수 있다'고 했다. 이를 비틀면 '콩을 많이 확보하면 중국을 차지할 수 있다'는 뜻도 된다.

둥베이성은 지린성吉林省, 랴오닝성, 헤이룽장성 같은 동북3성으로 우리에게 익숙한 곳이다. 고조선을 시작으로 부여, 고구려, 발해가 둥베이성에 터를 잡았다. 한국 식문화 특징 중 하나가 다양한 발효식품이다. 그중에서도 콩을 발효한 된장, 청국장, 간장 같은 장류는 콩의 역사가 우리와 관련이 깊다는 것을 의미한다.

지난 수십 년 동안 미국은 중국과 무역에서 해마다 천문학적인 무역적자를 기록했다. 미국으로서는 국부가 잠재적 적국인 중국으로 지속적으로 유출된다고 여길 수 있다. 심각한 불균형은 손해 보는 측에서 참기 어렵다. 그동안 잠복한 미·중 무역 불균형 문제가 도널드 트럼프가 집권한 이후 마침내 폭발했다. 미·중 양국은 관세 폭탄을 엄청난 규모로 서로에게 투하했다. 학계와 언론에서는 갈등 초기 '무역 분쟁'이라고 일컫다가 나중에는 '무역 전쟁'이라고 표현했다.

일찍이 세계가 겪지 못한 두 큰 나라의 '경제 전쟁'은 개전 이전부터 중국이 아닌 미국에 유리한 구도로 짜였다. 미국은 중국에 수출은 적게 하고 수입을 많이 한다. 중국은 반대다. 사정이 이러니 관세 폭탄을 각자의 수입액에 모두 부과할 경우 미국이 가진 폭탄의 양이 중국에 비해 4배가량 많다.

미국으로서는 중국에서 수입하는 물류 중 상당 부분을 다른 나라에서 조달할 수 있다. 미국이 중국을 압박할수록 중국에 진출한 외국 기업에 '중국에서 철수해 다른 나라로 가라'는 시그널이 전달된다. 제조업 흥기興起를 통해 경제 대국으로 굴기崛起한 중국에서 '제조업 공동화' 현상이 일어날 상황까지 전개되는 것이다. 그런데 미국과 중국이 벌이는 무역 전쟁에서 엉뚱하게 폭탄을 맞은 측은한 동물이 있다.

중국과 미국의 '돼지 전쟁'

중국에 사는 4억 마리가 넘는 돼지를 최근까지 먹여 살린 것은 미국의 대두 생산 농부다. 미국은 2018년 7월 6일 중국산 제품 340억 달러 상당의 물품에 관세 25퍼센트를 추가로 부과했다. 중국은 미국의 조치를 부당하다고 여기고 곧바로 같은 규모로 맞대응했다. 양국의 이러한 행동은 사실상 해당 제품의 자국 내 금수 조치와 같다.

그런데 중국이 지정한 추가 관세 부과 제품에 뜻밖의 품목이 있다. 냉정하게 판단했다면 넣지 말아야 할 콩을 포함한 것이다. 콩은 중국인의 주식인 돼지고기 생산에 필수적이다. 중국인들에게도 콩은 중요하다. '지지고 볶는' 중국 요리를 만들 때 반드시 필요한 기름의 원료도 대두가 아닌가. 매일 먹다시피 하는 두부와 간장도 콩으로 만든다.

중국은 사료 부족으로 양돈농가에 큰 혼란이 생기는 동시에 소비자 물가에도 악영향이 미칠 것을 각오하고 그런 극단적인 조치를 취했다. 물론 이유는 분명히 있다. '아메리카 퍼스트America First(미국 우선주의)'를 외치며 무역 전쟁을 일으킨 도널드 트럼프에게 정치적인 타격을 주려는 의도다. 러스트 벨트rust belt(쇠락한 공업지대)와 함께 트럼프를 강력하게 지지하는 중부 팜 벨트 유권자에게 타격을 입히기 위함이다.

팜 벨트는 중부 대평원에 터를 잡은 네브래스카주, 미주리주, 아이오와주 등 10개 주를 가리킨다. 비옥한 토양과 풍부한 지하수원을 갖춰 대규모 경작에 이상적인 곳이다. 팜 벨트에서 재배한 전통적인 곡류는 옥수수와 밀이었으나, 중국으

콩은 좋은 품질의 돼지고기를 저렴하고 안정적으로 공급하려는 중국에는 없어서는 안 될 사료다. 그러나 중국은 콩이 태부족하다. 미국 중부 팜 벨트 지역의 콩 재배 단지.

로 수출이 급증하면서 콩을 키우는 농가가 늘었다. 미국에서 수확하는 콩의 95퍼센트가 팜 벨트에서 경작한 것이다.

미국도 한국과 마찬가지로 도시에서는 진보정당(민주당)이 강세고 농촌에서는 보수정당(공화당)이 강하다. 공화당 소속의 도널드 트럼프는 곡창인 팜 벨트 농부들에게서 인기가 대단히 높다. 미국 농부들은 경제적 약자가 아니다. 선조에게서 물려받은 대형 농장을 기반으로 곡물을 경작하기에 경제적 여유가 있다. 또한 조직화가 잘 되어 있어 사회적 영향력도 크다.

2017년 미국의 대對중국 콩 수출액은 140억 달러에 달한다. 미국이 농업 대국이라고 하더라도 엄청난 액수다. 콩 수출액은 미국 농업의 상징인 쇠고기 전체 수출액의 2배다. 2017년 미국 농산물 수출 1위는 216억 달러의 콩이며, 2위는 91억 달러의 옥수수다. 견과류와 쇠고기가 그 뒤를 잇는다.

중국은 이렇듯 자신의 팔을 자르면서 상대 급소를 공격했으나 미국은 견뎌냈다. 수출길이 막힌 팜 벨트 농민들에게 미국 정부는 무려 120억 달러에 달하는 보조금을 지급했다. 하지만 농민들은 그런 일시적인 해소책보다 무역 재개를 원할 것이나, 미국은 보조금으로 농가를 달랜 후 더 큰 칼을 빼들고 중국에 대대적으로 대응했다. 관세 폭탄을 중국의 대對미국 수출액 전체로 늘리겠다는 엄포도 빼놓지 않았다.

미국과 무역 전쟁이 이어지면 중국은 콩을 확보하기가 쉽지 않다. 그렇다고 콩기름과 돼지고기를 먹지 말자고 요구할 수도 없다. 그렇게 하면 무능하다는 비판이 이어지면서 돼지고기 탓에 정권이 위태로워지는 상황이 발생할 수도 있다.

격렬하게 진행되던 미·중 무역 전쟁은 2021년을 맞아 새로운 분기점을 맞고 있다. 중국과 격렬하게 무역 전쟁을 벌이던 도널드 트럼프가 재선에 실패했기 때문이다. 2021년 1월 20일 미국의 새로운 대통령으로 취임한 조 바이든Joe Biden이 전임자인 도널드 트럼프의 정책 기조를 계속 유지할지 아니면 전면적인 유화정책으로 방향을 틀지 아직 유동적이다.

콩 때문에 홍역을 치른 중국은 최근 새로운 농경지 개간에 착수한 상태다. 하지만 이는 중장기적인 문제 해결 방법이다. 당장의 해결책은 아니다. 그리고 성공 가능성도 미지수다. 농경지를 조성하기 위해서는 농경지 정리는 물론 수리 시설도 갖춰야 한다. 시간도 많이 걸리고 돈도 많이 드는 일이다.

'돼지 먹일 밥'이 다시 미·중 양국의 무역 전쟁의 주요한 무기로 등장할지 주목된다. 물론 콩을 사랑하는 돼지는 죄가 없다. 사람들의 싸움에 중국의 돼지만 골치 아플 뿐이다. '돼지 먹일 밥' 문제가 어떻게 해결될지 그 결과가 주목된다.

제4부

세계사를 만든
동물 이야기

낙타가
로마군을 격파하다

사자도 토끼를 잡으려면 최선을 다해야 한다

토끼는 환경 적응 능력이 탁월해 남극과 대륙에서 멀리 떨어
진 극소수 섬을 제외한 지구상 대부분 지역에서 서식한다. 토
끼는 어디서나 살 수 있고 개체수도 풍부해 포식자들이 침을
흘리는 사냥감이지만, 토끼를 잡는 일은 매우 어렵다. 위급한
상황이 발생하면 특유의 재빠른 몸놀림으로 포식자를 따돌
리고, 자신만의 은밀한 아지트로 숨어버리기 때문이다. 그래
서 '사자도 토끼를 잡으려면 최선을 다해야 한다'는 격언이

전해진다. 토끼가 작다고 해서 만만히 보다가는 낭패 보기 쉽다는 뜻이다.

중국의 대혼란기인 춘추시대의 손무孫武가 지은 『손자병법』에는 아무리 만만하게 보이는 적이라도 깔보면 안 된다는 뜻을 가진 교병필패驕兵必敗라는 사자성어가 나온다. 이는 토끼와 사자가 등장하는 격언과도 의미가 일맥상통한다.

인간의 근육과 기술이 결합된 경연장인 스포츠의 세계는 교병필패의 원리가 잘 작동하는 분야다. 게리 리네커Gary Lineker는 잉글랜드 축구를 대표하는 레전드다. 자국 리그는 물론 월드컵에서도 득점왕을 차지했을 만큼 당대를 대표하는 세계적인 골잡이였다.

리네커는 축구를 논할 때 매우 냉정했다. 잉글랜드인이면서도 "축구는 90분간 싸워 독일이 이기는 경기다"라고 정의했다. 잉글랜드 출신 공격수가 그렇게 말할 정도로 독일 축구는 유럽은 물론 세계 축구계를 장기간 지배했다. 독일 축구의 전성기는 2018년 러시아 월드컵 개막 직전까지 이어졌다. 여러 지표에서 다른 경쟁국을 압도했다. 당연히 FIFA 선두였다. 심지어 독일은 2014년 브라질 월드컵 우승국으로 디펜딩 챔피언이었다.

독일 축구의 우수함은 브라질 월드컵에서 확연히 드러났

다. 독일은 강력한 우승 후보면서 홈팀인 브라질을 준결승에서 7대 1로 대파하는 믿기 어려운 성과를 창출했다. 이 세상 어느 나라도 브라질을 그렇게 이길 수 없다. 오직 독일만 가능한 일이다. 월드컵 개막 1년 전마다 컨페더레이션스컵이 열린다. 러시아 월드컵 1년 전에 열린 컨페더레이션스컵도 독일의 차지였다. 누구도 독일의 러시아 월드컵 우승을 의심하지 않았다.

독일이 러시아 월드컵 첫 경기에서 북중미의 맹주 멕시코에 불의의 일격을 당했으나, 세계 축구 팬들은 예방주사를 맞은 정도로 생각했다. 방심하다가 그럴 수도 있다는 평가였다. 그다음 경기에서 독일은 북유럽의 강호 스웨덴에 승리를 거두고 패배의 충격에서 완전히 벗어난 것처럼 보였다.

독일의 조별 리그 마지막 상대는 스웨덴과 멕시코에 연패한 한국이었다. 독일에 한국은 고려 대상이 아니었다. 최약체 한국과의 일전은 16강으로 가는 연습경기나 마찬가지로 보였던 것이다. 하지만 교만한 독일은 토끼 정도로 생각한 한국에 0대 2의 패배를 당하고 만다. 독일 축구 역사상 최초의 월드컵 조별 리그 탈락이었다.

독일이 패배한 것은 누가 뭐래도 한국이 잘 싸웠기 때문이다. 아시아의 호랑이인 한국이 세계 최강 독일에 모처럼 크게

2018년 러시아 월드컵 당시 독일은 한국과의 경기를 16강으로 가는 연습경기라고 보았지만, 독일은 한국에 0대 2로 패배했다. 선취골을 넣은 김영권(위)과 추가골을 넣은 손흥민(아래).

포효했다. 하지만 독일이 상대를 가볍게 여겼다는 점도 무시할 수 없다. 월드컵 폐막 후, 독일이 한국과 멕시코의 전력을 철저하게 분석하지 않았던 것으로 보도되기도 했다.

독일은 한국의 맞춤 전술에 제대로 대응하지 못했다. 반면 한국은 독일의 공격을 수비벽으로 막으며 경기 내내 강한 압박을 가했다. 그러다가 공을 낚아채면 번개 같은 속도로 역습했다. 축구는 점유율이 아닌 골로 승부를 가르는 경기임을 한국은 독일에 가르쳐주었다. 한국에서 '카잔Kasan의 기적'이라고 부르는 이 경기는 축구판 교병필패라고 할 수 있다. 독일에서는 이 경기를 지금도 '카잔의 치욕'이라고 일컫는다.

교병필패는 국가가 가진 물리력을 총동원해 다른 나라와 싸우는 전쟁에서 태어난 말이다. 일일이 예를 들지 않더라도 상대의 전력을 가볍게 여기다가 낭패한 강국은 역사상 부지기수로 많다. 객관적으로 아무리 약하게 보이는 상대라고 해도 전장에서 위력을 발휘할 수 있는 치명적 무기나 획기적 전술 1~2개 정도는 보유하고 있기 마련이다.

로마의 유일한 경쟁자, 파르티아

2,000여 년 전 서반구의 패자 로마의 권력 구조는 매우 독특했다. 로마의 정치체제는 공화국이지만, 힘센 수사자 여럿이 사자 무리를 공동으로 지배하는 프라이드와 같았다. 로마라는 거대한 프라이드를 공동 지배하는 실력자는 3명이었다. 갈리아Gallia를 정복한 율리우스 카이사르Julius Caesar, 골칫거리이던 지중해 해적을 소탕한 마그누스 폼페이우스Magnus Pompeius, 로마 최고 갑부 마르쿠스 리키니우스 크라수스Marcus Licinius Crassus다. 이 시기를 거두巨頭 3명이 정치를 좌우한 때라는 뜻의 삼두정三頭政이라고 하기도 한다.

세 영웅의 속내는 모두 같았다. 혼자 권력을 독차지해 황제가 되는 것이었다. 그래서 군중이 열광할 만한 위대한 업적을 더 쌓고 싶어 했다. 그중에서도 경쟁자들에 비해 나이도 많고, 군사적 업적이 부족한 크라수스의 마음이 특히 조급했다. 크라수스가 내세울 수 있는 유일한 업적은 기원전 73년에 일어난 스파르타쿠스Spartacus의 반란을 진압한 것이었는데, 냉정하게 평가하면 오합지졸 노예 반란을 막아낸 것일 뿐이었다. 그래서 당시 대부분 시민들은 크라수스의 군공軍功을 높게 평가하지 않았다.

크라수스는 그런 상황을 돌파하고 싶었다. 그의 선택은 도박이었다. 꾸준히 국력이 신장되던 파르티아Parthia를 정복하기로 마음먹고 행동에 옮긴다. 로마는 포에니전쟁을 통해 해양 대국 카르타고를 정복하고 유럽과 아프리카의 패자가 된 지 오래였다. 로마의 평화 혹은 질서를 위협할 만한 존재는 당시 서반구에 없었다.

하지만 잠재적 도전자까지 고려하면 한 나라가 있었다. 파르티아였다. 파르티아의 영역은 현재의 이란, 이라크, 쿠웨이트, 아르메니아, 아제르바이잔 전역과 터키, 시리아, 아프가니스탄 일부를 아울렀다. 대제국이라고 칭하기는 부족하지만, 지역 강국으로 평가하기에는 부족함이 없다.

당시 파르티아는 동서의 중간에 있었던 이점을 활용해 무역으로 국가의 부를 축적하고 있었다. 로마와 맞먹을 만한 국력을 가진 동양의 한漢과 교역하기 위해 파르티아는 실크로드를 이용하기도 했다. 국부의 원천인 장사의 주인공들은 낙타와 말의 등에 짐을 싣고 운반한 카라반들이었다. 역사에서 대상隊商이라고 하는 이들이다.

당시 로마인의 시각에서는 파르티아만 정복하면 그들이 아는 문명 세계를 모두 정복하는 것이나 마찬가지였다. 더구나 파르티아의 거대한 영토와 막대한 재화는 승리와 함께 덤으로 딸려오는 보너스와 같았다. 크라수스는 그래서 큰 도박판에 뛰어든 것이다.

교만한 크라수스

파르티아라는 대국을 정복하려면 병력이 많이 필요했다. 로마의 시리아 속주屬州 총독으로 취임한 크라수스는 병력 확보를 위해 자신의 최고 무기인 재력을 활용한다. 자비를 들여 6개나되는 군단을 모집하고 부임지인 시리아 속주로 향한 것이다.

시리아 속주에는 2개 군단이 주둔하고 있었다. 크라수스는 그중 1개 군단도 파르티아 원정에 차출하고 남은 1개 군단에 치안 임무를 맡겼다. 이렇게 편성된 원정군은 보병 3만 4,000명, 기병 4,000명, 기타 2,000명 등 도합 4만 명이나되었다. 당시 인구를 고려하면 엄청난 규모였다.

원정군의 부장副將은 크라수스의 아들인 푸블리우스 리키니우스 크라수스Publius Licinius Crassus였다. 그는 갈리아 원정에서 큰 공을 세워 아버지의 정적인 카이사르에게도 총애를 받은 인물이다. 카이사르는 푸블리우스를 위해 당시 유럽 최강으로 평가받던 갈리아 기병 5,000기 중 1,000기를 떼어

맡긴다. 정적의 원정길에 최정예 기병을 보태줄 만큼 카이사르는 대인배였다.

그런데 이런 엄청난 전력을 구성한 크라수스는 시리아 속주에서 승리를 위한 훈련보다 다른 활동에 치중한다. 원정군 사령관인 크라수스는 파르티아 원정 편성에 소요된 본전이 생각났던 것 같다. 원정에 앞서 시리아 속주에서 비용을 회수하려고 한 것이다. 신전의 재물까지 털어버렸다고 하니 할 말이 없는 셈이다.

무릇 군기는 엄정해야 한다. 군기가 전시에 승리를 담보하기 때문이다. 후한 말, 크라수스처럼 군을 운영한 제후가 있었다. 남양南陽 태수太守 원술의 군대는 배고픈 메뚜기 무리였다. 부족한 군량과 물자를 현지에서 약탈해 조달했다. 백성들의 원성이 쌓이는 것은 당연지사다.

하지만 그의 경쟁자인 조조는 달랐다. 근거지 연주兗州에서 군수물자를 준비해 원정에 임했고, 전쟁을 하면서도 백성들의 피해를 최소화하려고 노력했다. 군의 기강도 엄정했다. 그런 차이가 조조가 원술과는 전혀 다른 업적을 세우게 만들었다.

기원전 53년 지금의 터키 땅인 카레Carrhae에서 크라수스의 원정군은 파르티아의 수레나스Surenas가 이끄는 파르티아

파르티아의 수레나스는 모두의 예상을 깨고 크라수스의 원정군을 상대로 대승을 거두었을 뿐만 아니라 150여 년 전 로마를 침공한 카르타고의 한니발을 떠올리게 했다. 한니발 동상.

군을 만난다. 수레나스의 병력은 원정군의 4분의 1에 불과했다. 파르티아가 소수 병력으로 크라수스의 원정군에 맞선 데는 피치 못할 사정이 있었다.

당시 파르티아의 주력군은 다른 곳에서 전쟁을 펼치고 있었다. 파르티아 조정은 수레나스가 카레에서 원정군의 진격을 늦추고 최대한 시간을 벌어주기를 바랐다. 파르티아 국왕 오로데스 2세Orodes II의 주력군이 아르메니아와 전투를 벌이고 있었기 때문이다. 아르메니아는 크라수스의 원정군에게 파르티아로 가는 길을 안내하는 향도嚮導 역할도 맡고 있었다.

그런데 크라수스의 원정군을 상대한 수레나스는 파르티아 국왕은 물론 로마인들까지도 전혀 예상하지 못한 대승을 거두었다. 원정군 4만 명 중 3만 명을 전사시키고 사령관인 크라수스와 그의 아들인 푸블리우스까지 죽였다. 수레나스는 150여 년 전 코끼리를 타고 알프스산맥을 넘어 로마를 침공한 카르타고의 한니발Hannibal을 떠올리기에 충분했다. 카레에서 전사한 원정군 3만 명은 모두 로마의 시민이었다. 수많은 로마인이 카이사르를 포함한 실력자들에게 파르티아에 대한 피의 복수를 요구했다.

승리를 가져온 파르티아의 낙타

크라수스의 패인은 상대를 얕보고, 치밀한 준비 없이 전쟁에 뛰어든 것이다. 교병필패의 원리가 그대로 적용되었다. 전쟁에서 승리하려면 아무리 상대가 약해도 자신이 사용 가능한 모든 카드를 활용해야 한다. 그렇게 하면 승리는 물론 아군의 피해도 최소화할 수 있다. 하지만 크라수스는 그렇게 하지 않았다.

카레의 들판에서 조우한 크라수스의 원정군과 파르티아군의 승패를 가른 것은 낙타였다. 수레나스는 낙타를 잘 활용해 병력이 4배에 달하는 크라수스의 원정군을 격파했다. 수레나스의 1만 병력 중 9,000명은 무장이 가벼운 경기병輕騎兵, 1,000명은 중기병重騎兵이었다. 기동력이 우수한 경기병의 무기는 활이었다. 파르티아의 경기병들은 사정거리를 늘린 활을 가지고 원정군의 사정거리 밖에서 화살비를 날렸다.

화살비가 쏟아지자 원정군의 주력인 중갑 보병들이 테스투도testudo라는 귀갑龜甲 진영을 구축해 방어하려 했으나, 그 사이에 파르티아의 중기병들이 일시에 돌진해 그 귀갑을 흔들어버렸다. 이렇듯 원정군이 혼란한 틈에 파르티아의 경기병들은 다시 화살비를 퍼부었다. 이 같은 소모전에 당할 보병

크라수스의 원정군과 파르티아군의 승패를 가른 것은 낙타였다. 화살은 낙타로 운송되었고, 그 화살을 맞고 크라수스의 원정군은 맥없이 쓰러졌다.

부대는 세상에 없다. 크라수스의 원정군은 화살비에 맥없이 쓰러지고 말았다.

크라수스의 보병들이 맥없이 쓰러지는 가운데 기병들도 같은 운명을 맞이한다. 파르티아의 경기병들이 펼친 유인 전술에 걸려 이들도 보병처럼 화살비를 맞고 기병 대장인 푸블리우스와 함께 전멸했다.

화살은 '사막의 배' 낙타로 운송되었다. 파르티아의 대상들은 교역할 때 낙타의 등에 물자를 싣고 다녔는데, 파르티아 군도 낙타를 활용하기는 마찬가지였다. 파르티아의 낙타들이 카레로 엄청난 양의 화살을 싣고 왔다. 1,000마리나 되는 낙타가 동원되었다. 파르티아의 경기병들이 화살비를 내릴 때 원정군은 잠시 후 그치리라고 생각했을 것이다. 하지만 이는 오판이었다. 그 비가 끝나지 않았기 때문이다. 말과 낙타가 나르는 짐의 양은 그 규모가 다르다는 단순한 사실을 당시 원정군은 파악하지 못했다.

수레나스의 승리는 침략국 로마는 물론 파르티아 내부까지 불안하게 했다. 오로데스 2세는 수레나스의 전과戰果에 기뻐하면서도 질투했다. 왕이 신하의 공적을 시기하면 신하의 목숨은 위험해지는 법이다. 카레 전투 결과, 시리아 속주에는 로마 군단이 1개밖에 남지 않았다. 8개나 되는 로마 군단 중

7개가 궤멸되었기 때문이다. 또한 로마의 동맹을 자처하던 아르메니아도 파르티아의 보호국이 되었다. 상당 기간 로마는 파르티아를 공략하기 어렵게 되었다.

오로데스 2세는 수레나스를 더는 필요 없는 존재로 여겼다. 결국 수레나스는 토사구팽 신세가 된다. 셀레우키아Seleukia로 입성한 수레나스는 의문투성이 죽음을 맞는다. 누가 그를 죽였는지 충분히 짐작할 수 있지 않은가?

낙타를 효율적으로 이용해 크라수스의 원정군을 궤멸한 수레나스는 한니발처럼 로마의 두통거리가 될 수 있었다. 하지만 하늘은 그가 제2의 한니발이 되는 것을 허락하지 않았고, 로마의 쇄락도 원하지 않았다. 수레나스가 죽은 후 파르티아군은 여세를 몰아 시리아 속주를 공격했으나 수적 우위에도 패퇴한다. 그 패인은 간단했다. 파르티아군에는 수레나스가 없었고 오직 시기심에 눈이 멀어 신하를 의심하고 질투한 오로데스 2세가 있었기 때문이다.

아시아 사자를 **보호하라**

페르시아의 그리스 정복 전쟁

아프리카 야생의 제왕이 사자, 아시아 야생의 제왕이 호랑이라는 것은 누구도 이의를 제기하지 않는 상식이다. 그런데 2,000여 년 전에는 그렇지 않았다. 사자가 유럽과 아시아에도 살았기 때문이다.

페르시아는 지금의 이란 땅에서 출발한 고대국가다. 전성기 시절에 중동 전역과 유럽 발칸반도 일부, 아프리카의 이집트 등 3개 대륙에 펼쳐진 드넓은 영토를 차지했다. 페르시아의 전성기는 다리우스 1세Darius I 치세(기원전 522~기원전 486)다. 다리우스 1세는 행정 조직 정비, 통화 시스템 개혁, 도로망 확충을 통해 페르시아의 내치 기반을 확실히 다졌다. 그는 '왕 중의 왕'이라는 뜻을 가진 샤한샤Shahanshah라고 불렸는데, 샤Shah는 페르시아에서 왕에게 붙이는 호칭이다. 샤한샤와 비슷한 개념으로는 중국의 황제가 있다.

기원전 492년 다리우스 1세는 그리스를 정복하고자 발칸반도 동남쪽에 있는 트라키아Thracia를 먼저 공격해 차지한다. 트라키아는 지금의 터키 이스탄불과 그리스, 불가리아 일부를 다스린 고대 왕국이다. 페르시아의 압도적인 군사력에 싸울 의욕을 상실한 마케도니아Macedonia도 싸워보지도 않고 항복하고 만다.

트라키아·마케도니아와 달리 그리스는 호락호락하지 않았다. 그리스 도시국가들의 리더 노릇을 하던 아테네와 일부 동맹국은 다리우스 1세에게 항복하지 않았다. 아테네 등은 페르시아 영토이던 소아시아의 이오니아Ionia에서 일어난 반란을 지원하기도 했다. 이오니아는 페르시아에 편입되어 있었으나, 역사적으로나 혈연적으로 그리스와 밀접했다.

다리우스 1세는 기원전 490년 아테네와 그 동맹국인 에레트리아Eretria를 공격하고자 군사를 일으킨다. 그리고 페르시아군은 에레트리아를 정복하고 나서 아테네로 향한다. 페르시아군은 아테네에서 40킬로미터 떨어진 마라톤Marathon에서 아테네의 정예군과 마주친다. 그 전투에서 아테네가 페르시아에 패하기라도 한다면, 그것으로 나라의 운명은 끝나는 것이었다.

그리스가 자랑하는 중갑 보병인 호플리테스hoplites가 페르시아군의 진군을 막아냈다. 아테네 시민병인 호플리테스는 조국을 지키고자 목숨을 바칠 각오를 한 상태였다. 그들은 머리와 몸을 투구와 갑옷으로 단단히 가리고 방패를 연결했다. 거북 등딱지인 귀갑처럼 밀집 대형을 이루었다. 그러고 나서 날카롭고 긴 창을 대열의 앞으로 쭉 빼서 페르시아군에게 겨누었다. 도시와 가족을 지키고자 죽음을 불사한 호플리테스의 활약으로 페르시아는 마라톤 전투Battle of Marathon에서 수적 우위를 살리지 못하고 참패하고 만다.

마라톤 전투에서 패전한 이후 다리우스 1세는 절치부심했으나 그의 시계는 그것으로 멈춘다. 하늘이 그에게 기회를 더는 주지 않았기 때문이다. 물론 다리우스 1세의 죽음이 전쟁의 종료를 뜻하는 것은 아니었다. 새로운 샤한샤로 즉위한 크세르크세스 1세Xerxes I가 부왕의 유업遺業을 받아 그리스 정벌에 나선다.

아테네 시민병인 호플리테스는 목숨을 바칠 각오로 싸워 마라톤 전투에서 페르시아군을 물리쳤다. 1859년 조르주 로슈그로스Georges Rochegrosse가 그린 〈마라톤 전투의 영웅들〉.

마라톤 전투가 발발한 지 10년이 지난 기원전 480년, 크세르크세스 1세는 170만 대군을 이끌고 그리스로 향했다. 170만 병력은 지금도 동원하기 어려운 대군이다. 이 전쟁을 기록한 역사가가 과장한 수치로 추정된다. 역사학의 아버지라고도 불리는 헤로도토스Herodotos가 그의 저서 『역사』에서 페르시아가 170만 대군을 동원한 것으로 서술하고 있다.

크세르크세스 1세와 레오니다스 1세의 전투

크세르크세스 1세의 목표는 단순명료했다. 아테네와 스파르타를 포함한 그리스 전역을 정복하는 것이다. 그가 이끈 대군은 부왕인 다리우스 1세 때 복속시킨 트라키아와 마케도니아 등을 경유해 그리스로 향했다. 현지에서 병력과 물품을 보급받기 위해서였다.

페르시아군을 저지하고자 병목처럼 좁은 협곡에서 기다린 그리스의 장수가 있었다. 스파르타의 국왕 레오니다스 1세Leonidas I다. 그는 불과 수백 명의 결사대를 이끌고 소수의 병력으로 대군을 저지할 수 있는 테르모필레Thermopylae 협곡에 진을 친다.

페르시아는 전투 초반 엄청난 규모의 병력을 잃었으나, 전투 사흘째 현지인이 제공한 정보를 이용해 레오니다스 1세를 포함한 스파르타의 결사대를 전멸시키고 만다. 임진왜란 당시 왜군의 앞잡이 노릇을 한 조선인 순왜順倭와 같은 자들이 당시 그곳에도 있었다.

스파르타의 국왕 레오니다스 1세와 결사대의 영웅적인 활약은 2,500여 년 후 〈300〉(2006년)이라는 영화로 제작된다. 원작은 만화와 소설의 중간 형식을 띤 그래픽노블의 대가 프

크세르크세스 1세는 테르모필레 협곡에서 레오니다스 1세를 포함한 스파르타의 결사대를
전멸시켰다. 1814년 자크 루이 다비드Jacques-Louis David가 그린 〈테르모필레 전투〉.

랭크 밀러Frank Miller의 작품이다. 잭 스나이더Zack Snyder 감독
의 손을 거쳐 탄생한 〈300〉은 흑백의 강렬한 대비와 자유로
운 컷 등으로 영화사에 한 획을 그은 작품으로 불린다.

　레오니다스 1세의 조상이 그리스의 신 중 가장 힘이 센 헤
라클레스라는 전설이 전해진다. 헤라클레스는 신계神界의 샤
한샤라고 할 수 있는 제우스의 아들이다. 헤라클레스는 네메
아Nemea에서 악명을 떨친 사자를 죽인 후 그 가죽을 벗겨 코
트처럼 입고 다녔다.

네메아의 사자는 무기로는 죽일 수 없는 불사의 존재였다. 그래서 헤라클레스는 부득이 자신의 팔 근육을 이용해 사자를 죽인다. 제우스는 아들이 몹시 자랑스러워 하늘에 사자자리Leo라는 별자리까지 만들어 그 공적을 기념한다. 자식 자랑하면 팔불출이라는데, 제우스도 그런 범주에서 벗어나지 못한 것 같다.

물론 헤라클레스와 네메아의 사자 이야기는 신화지만, 네메아는 펠로폰네소스반도에 실제로 존재하는 도시다. 네메아의 사자 이야기에는 상상과 현실이 뒤섞였다고 볼 수 있다. 단군신화에 등장하는 호랑이와 곰이 한반도에 산 것처럼 고대 그리스에 사자가 실존했음을 나타낸다.

레오니다스 1세가 이끌던 그리스 연합군을 전멸시킨 크세르크세스 1세의 대군은 아테네와 아티카Attica, 보이오티아Boeotia를 차례로 함락시키며 기세를 올린다. 부왕인 다리우스 1세가 아테네에 대패한 것과는 차원이 다른 전공이었다. 하지만 기쁨은 거기까지였다.

페르시아군은 이후 그리스 연합군에게 연이어 대패하고 만다. 패전의 서막은 살라미스 해전Battle of Salamis이었다. 페르시아의 해군은 아테네가 주도한 연합함대의 유인 전술에 말려들어 200척이 넘는 전선戰船을 잃는다. 그것은 페르시아

제4부 세계사를 만든 동물 이야기

살라미스 해전에서 페르시아군은 아테네의 유인 전술에 말려들어 200척이 넘는 전선을 잃는다. 이때부터 페르시아군은 그리스 연합군에게 대패한다. 19세기에 그려진 〈살라미스 해전〉.

해군의 주력군이 수장된 것을 뜻한다. 전의를 잃은 크세르크세스 1세는 남은 전함과 함께 귀국길에 오른다.

그리스에 여전히 남아 있던 페르시아군 30만 명은 기원전 479년 플라타이아이 전투Battle of Plataeae에서 그리스 연합군에게 대패한다. 그리스 연합군 병력은 4만 명이었는데, 주력군은 레오니다스 1세를 향해 복수를 외치던 중갑 보병 호플리테스 1만 명이었다. 그들은 페르시아의 대군을 상대로 엄청난 활약을 한다. 전투가 끝난 후 생존한 페르시아군은 10만 명도 되지 않았다. 이 전투를 마지막으로 그리스와 페르시아의 대규모 전투는 사실상 종결된다.

군수물자를 운송한 낙타와 소

페르시아군은 그리스에서 예상치 못한 의외의 복병을 만난다. 헤로도토스는 사자가 페르시아군의 낙타를 공격했다고 기록한다. 이 기록은 현대 건축의 개척자로 평가되는 루트비히 미스 반데어로에Ludwig Mies van der Rohe의 명언을 떠올리게 한다. 그는 "신은 디테일에 있다God is in the details"라는 명언을 남겼다. 이 말은 후일 "악마는 디테일에 있다The Devil is in the details ["]로 응용되면서 더욱 유명해졌다.

디테일은 상세詳細라고 번역할 수 있다. 하지만 상세라는 어색한 번역보다는 영어 단어 그대로 사용하는 것이 피부에 더 와닿는다. 헤로도토스의 기록 속에 담긴 디테일 덕분에 그리스와 페르시아의 전쟁이 발발하던 당시 그리스의 야생에 사자가 살았음을 알 수 있다.

페르시아는 그리스인이 동방이라고 일컬은 곳에 있었다. 고대 동방의 군대 특징 중 하나는 사막에서 바다의 배와 같은 역할을 하는 낙타를 잘 활용했다는 것이다. 그들은 이동할 때 장비와 식량을 낙타의 등에 실었다. 이러한 군수물자의 보급과 이동은 페르시아뿐만 아니라 파르티아 등 후대의 동방국가에 고스란히 계승된다.

그리스의 사자들은 페르시아와의 전쟁이 발발하자, 평소에는 구경하지 못한 사냥감을 만나게 된다. 낙타는 소보다도 덩치가 큰 동물이다. 성체 기준 700킬로그램이나 나간다. 낙타 한 마리만 잡아도 사자 무리 전체가 포식할 수 있는 양이다. 사자가 낙타를 먹잇감으로 노리지 않을 이유는 없다.

칼과 화살로 상대를 살상하는 고대의 전쟁과 전투기나 미사일로 상대를 제압하는 현대의 전쟁에는 공통점이 있다. 군수물자를 지속적으로 전장에 공급할 수 있는 쪽이 승리할 공산이 크다는 점이다. 보급에 문제가 생기면 병력이 많아도 무용지물이 된다. 그리스 사자들의 습격은 현지 지형에 익숙하지 않던 페르시아군의 보급에 타격을 주었을 것으로 추정된다.

페르시아와 달리 고대 유럽은 소를 이용해 군수물자를 운송했다. 군수물자를 운반하는 소와 식량으로 사용할 양을 보호하고자 마스티프라는 덩치 큰 개도 종군시켰다. 개는 소와 양만 지킨 것이 아니라 불침번 노릇도 했다. 맹수의 습격이나 적의 기습이 예상되면 맹렬히 짖어 병사와 가축을 깨웠다. 마스티프의 역할은 기본적으로 군견이지만, 양을 치는 목양견과 집을 지키는 경비견 역할을 겸했다.

마스티프는 현존하는 개의 선조가 되기도 했다. 로트바일러라는 독일 대형견은 로마군을 따라 알프스산맥을 넘어 로트바일Rottweil로 이동한 마스티프의 후손이다. 로트바일은 독일 남부 지역의 소도시로 로마인 정착지가 있던 곳이다. 스위스 베른Bern 인근에 정착한 로마의 마스티프는 현존하는 마운틴 도그mountain dog 중 가장 아름답다는 평가를 받는 버니즈 마운틴 도그bernese mountain dog의 선조가 된다. 이 두 종의 마스티프 계열 대형견은 로마군을 따라 독일과 스위스로 이동했다가, 그곳에 남아 개량 과정을 거친 후 해당 국가와 도시를 대표하는 대형견으로 거듭난 것이다.

2,000여 년 전만 해도 사자는 아프리카는 물론 유럽과 아시아에 존재했다. 유럽 내 사자의 주요 서식지는 기온이 따뜻한 그리스, 스페인, 프랑스 등이었다. 사자는 소아시아, 메소포타미아, 페르시아, 아프가니스탄, 파키스탄, 인도로 이어지는 광활한 초원에도 살았다.

사자에게는 얼마만큼의 땅이 필요한가?

유라시아의 들판에는 사자가 더는 활개를 치지 않는다. 서식지 파괴와 남획, 먹잇감 부족이 사자가 초원에서 사라진 이유로 추정된다. 그런데 남부 유럽과 중동, 중앙아시아의 야생을 지배하던 사자가 완전히 멸종된 것은 아니다. '아시아 사자', 이 신비한 동물이 인도에서 지금껏 살아남았기 때문이다.

아시아 사자는 인도에서도 구자라트Gujarat주의 기르숲국립공원에서만 산다. 아시아 사자는 페르시아 사자나 인도 사자라고도 불리는데, 기르숲국립공원은 이 비非아프리카 계열 사자들의 유일한 서식지다.

기르숲국립공원은 넓이가 1,412제곱킬로미터로 서울 면적의 2배가 넘는다. 하지만 이 수치에는 함정이 숨어 있다.

공원의 18.3퍼센트인 258제곱킬로미터만 사람의 출입이 전면 제한되고, 81.7퍼센트인 1,154제곱킬로미터는 야생동물 보호지역으로 지정되었지만 제한된 규모의 목축은 허용된다. 따라서 523마리(2015년 기준)나 되는 아시아 사자가 살기에는 공원의 규모가 결코 넓지 않다.

케냐의 세렝게티국립공원은 면적이 1만 4,763제곱킬로미터로 경기도의 약 1.4배, 기르숲국립공원의 약 10배다. 세렝게티국립공원에는 300만 마리에 달하는 대형 포유동물이 사는데 그중 영양 100만 마리, 얼룩말 20만 마리가 있다. 이들을 먹이로 삼는 사자도 2,000여 마리나 서식한다. 세렝게티국립공원에서 사자 한 마리가 차지할 수 있는 공간은 7.4제곱킬로미터에 이른다. 기르숲국립공원의 아시아 사자에 비해 3배 정도 면적을 확보할 수 있는 것이다.

사자는 독립해 생활하는 다른 고양잇과 동물과 다르게 무리 생활을 한다. 사자 무리는 사냥을 해서 먹이를 조달하는 10여 마리의 암컷과 무리를 외부의 적에게서 보호하는 수컷 2~3마리, 새끼 10여 마리로 구성된다. 대략 20여 마리의 사자가 프라이드를 구성하는데, 이를 단순 계산하면 각 프라이드가 차지하는 면적은 기르숲국립공원에서는 54제곱킬로미터, 세렝게티국립공원에서는 148제곱킬로미터가 된다.

케냐의 세렝게티국립공원에는 300만 마리에 달하는 포유동물이 사는데 영양 100만 마리, 얼룩말 20만 마리가 있다. 이들을 먹이로 삼는 사자도 2,000여 마리나 서식한다. 세렝게티국립공원에서 휴식을 취하고 있는 사자 무리.

아시아 사자는 보존해야 할 생태계의 보물이다. 안정적인 아시아 사자의 개체수를 확보하기 위해서는 그중 일부는 기르숲국립공원 외의 다른 곳으로 분산할 필요가 있다. 아시아 사자에게 더욱 넓은 서식 환경을 제공하는 것은 먹이 활동과 번식뿐만 아니라 전염병 예방을 위해서도 필요하다. 기르숲 국립공원에서 전염병이 발병하기라도 하면 아시아 사자 전체가 절멸할 수 있기 때문이다. 굳이 그 범위를 인도의 다른 지역으로 제한할 필요도 없다. 불과 수백 년 전까지 아시아 사자가 남아 있던 이란이나 터키도 대안이 될 수 있다.

인도의 구자라트주는 그동안 많은 비용과 노력을 기울여 아시아 사자를 보호하고 지켜온 공헌이 있다. 이는 마땅히 존중받아야 하는 업적이다. 구자라트주도 그런 명예를 잃고 싶어 하지 않을 것이다. 그러나 아시아 사자가 더욱 넓은 지역에서 안정적인 삶을 유지할 수 있도록 하는 것은 생태학적으로 그보다 중요한 일이다. 아시아 사자의 분산을 통한 개체수 확대 정책을 추진하려면, 구자라트주가 그동안 행한 노력에 대한 합당한 보상이 선행되어야 할 것 같다.

수달, 비버, 담비가

세
계
사
를
바
꾸
다

'검은 황금' 후추, '부드러운 금' 모피

브라질 밀림 속 나비의 작은 날갯짓이 미국 텍사스를 타격하
는 토네이도를 일으킬 수 있다는 것이 '나비 효과'다. 아무런
관련이 없어 보이는 작은 움직임 하나가 후일 큰 사건을 일으
킬 수 있다. 인류 역사의 전환점이 된 지리상의 발견과 이로
인한 서양의 득세 과정에서도 나비 효과가 나타난 적이 있다.
나비의 날갯짓 한번에 해당하는 움직임은 천정부지로 치솟
던 후추와 모피의 가격이었다.

육류를 즐긴 유럽인에게 후추는 식탁의 필수품이었다. 공교롭게도 후추는 유럽에서 생산되지 않았다. 저 멀리 인도에서 전량 수입되었다. 교통이 불편하던 시절, 후추 가격은 당연히 비쌀 수밖에 없었다. 더구나 중간상 노릇을 하던 이슬람과 이탈리아 상인들이 폭리를 취했기에 유럽 소비자에게 후추는 비싸기 그지없었다.

모피도 후추와 별반 다르지 않았다. 수달, 비버, 담비 같은 모피 동물은 계속된 남획으로 인해 유럽 대부분의 지역에서 절멸되었거나 멸종 위기에 처해 있었다. 모피는 유럽의 추운 겨울을 견디게 해주었으며, 신분을 상징하는 수단으로도 활용되었기에 수요가 끊이지 않았다. 사냥꾼들은 '부드러운 금'이라고 불리던 모피를 구하고자 물불을 가리지 않았다.

후추와 모피 중 '나비 효과'의 방아쇠 구실을 먼저 한 것은 후추다. 현대인은 냉장·냉동 기술 덕분에 언제든지 신선한 고기를 즐길 수 있으나 중세와 근세 유럽인은 그런 축복을 누리지 못했다. 도축한 지 얼마 되지 않은 고기가 아닌 이상 소금에 절여 먹었다. 고기를 소금에 절이더라도 오래 보관하면 신선도가 떨어져 누린내가 난다. 불쾌한 냄새를 잡으면서 풍미까지 올려준 향신료가 '검은 황금'이라고 불린 후추다.

후추는 십자군전쟁과도 연관이 깊다. 십자군전쟁은 11세

모피는 유럽의 추운 겨울을 견디게 해주었기 때문에 사냥꾼들은 모피를 '부드러운 금' 이라고 불렸다. 그로 인해 수달, 비버, 담비 같은 모피 동물은 절멸되었거나 멸종 위기에 처했다. 수달(위)과 담비(아래).

기 말에서 13세기 말까지 서유럽 기독교인들이 성지 팔레스타인과 성도 예루살렘을 탈환하고자 8회에 걸쳐 감행한 원정이다. 귀환한 병사들을 중심으로 후추는 유럽에서 대중화되었다. 동방에서 온 이 신비한 향신료는 차원이 다른 고기 요리를 가능케 해줌으로써 '신의 선물' 같은 대접을 받았다.

그러나 이 '검은 황금'은 비쌌다. 15세기의 유럽인들에게 절망적인 소식이 들려왔다. 소아시아에서 출발한 오스만튀르크가 중동에 이어 북아프리카와 유럽 발칸반도를 확보하면서 인도로 가는 육로와 해로를 장악한 것이다. 메메트 2세 Mehmet II는 1453년 비잔틴제국의 수도이자 동방무역의 중심지이던 콘스탄티노플(현재 터키 이스탄불)을 점령하며 지중해를 내해內海로 만들어버렸다. 후추는 더 비싸질 수밖에 없었다.

포르투갈, 제국주의 시대를 열다

유럽인들은 10세기부터 지중해, 홍해, 인도양을 잇는 항로를 통해 동방의 다양한 향신료를 수입했다. 오스만튀르크에 의해 이 바닷길이 막히면서 인도로 가는 새로운 항로를 개척해야만 했다. 신항로 개척은 목숨을 건 도박이었으나 무모해 보이는 도전에 적극적으로 나선 나라들이 있었다. 그동안 동방 무역에서 배제된 포르투갈과 스페인이었다. 두 나라는 개량형 범선인 카라벨caravel을 이용해 대서양과 인도양을 건너 후추를 찾는 탐험에 나섰다. 이렇게 대항해 시대의 막이 열린다.

포르투갈은 새로운 바닷길을 개척해 인도의 후추를 유럽에 상업적으로 대량 공급한 첫 나라가 되었다. 1497년 바스쿠 다 가마Vasco da Gama의 선단船團은 아프리카 최남단 희망봉을 돌아 인도의 후추항 캘리컷Calicut에 도착한다. 선단은 이듬해 귀국길에 후추를 가득 싣고 돌아와 화제에 오른다. 하지만 그 정도로는 후추에 대한 갈증을 채울 수 없었다.

1502년 바스쿠 다 가마는 선단 20척에 병력을 가득 싣고 평화로운 항구이던 캘리컷을 공격해 점령했다. 포르투갈은 이 같은 침략 행위를 통해 인도양의 제해권을 확보했으며 후추 교역의 주도권을 쥔다. 자국의 이익을 위해 타국을 짓밟고 착취하는 제국주의가 본격적으로 열린 것이다.

스페인도 항해에 나섰다. 바스쿠 다 가마가 인도 항로를 개척하기 5년 전인 1492년 이탈리아 출신 크리스토퍼 콜럼버스Christopher Columbus를 사령관으로 삼은 스페인 선단이 인도로 출항한다. 그런데 그들이 도착한 곳은 인도가 아닌 후일

1492년 크리스토퍼 콜럼버스는 인도로 출항했지만, 그곳은 서인도제도라고 불리는 바하
마·쿠바·아이티였다. 서인도제도의 섬인 히스파니올라Hispaniola에 도착한 콜럼버스
일행.

서인도제도라고 불리는 바하마, 쿠바, 아이티였다. 이 섬들은
당시 유럽인이 인지하지 못했던 아메리카 대륙의 부속 도서
였다.

　콜럼버스가 탐험한 이후 스페인은 아즈텍제국과 잉카제국
을 연이어 멸망시키면서 중남미 대부분의 지역을 정복했다.
신대륙에서 후추를 발견하지 못했으나 그 대신 막대한 양의
금과 은을 발굴했다. 스페인은 당대 유럽의 최고 부국이 되었

다. 후추가 아무리 비싸더라도 금과 은으로 구입할 수 있는 상품일 뿐이다.

콜럼버스가 상륙한 신대륙의 북부에는 후추 못지않게 값진 모피 동물이 서식했다. 유럽에서 최고의 모피로 친 것은 평생을 물가에서 살며 열심히 댐을 만드는 비버의 것이었다. 유럽 비버가 지나친 남획으로 멸종 위기를 맞을 당시 북미에는 유럽 비버의 친척인 북미 비버가 9,000만 마리 넘게 살고 있었다. 더구나 북미 비버는 유럽 비버보다 체구가 커서 모피 생산에 더 적합했다.

스페인과 포르투갈이 중남미에서 세력을 확장하던 시기, 북미에는 네덜란드·프랑스·영국 등에서 모여든 사냥꾼들이 금덩어리나 다름없는 비버를 사냥하고자 각축을 벌였다. 유럽인들이 모피에 열광한다는 사실을 안 원주민들은 이득을 챙기거나 생존하기 위해 유럽인들의 사냥을 돕기도 했다.

당시 유럽인들이 아메리카 대륙으로 이주하는 방식은 대서양을 건너가는 것이 일반적인 경로였다. 그러나 이와는 다른 루트로 아메리카 대륙으로 건너간 유럽인도 있었다. 러시아의 사냥꾼들은 광활한 시베리아 들판을 가로지른 후 북태평양의 좁은 해협을 배로 건너 아메리카 대륙으로 갔다.

현재 러시아는 영토 대국이지만, 과거에는 대국과는 거리가 멀었다. 1243년 칭기즈칸의 손자 바투Batu가 세운 킵차크한국의 지배를 200년 넘게 받았다. 러시아인들은 몽골에서 독립하고자 모스크바대공국이라는 나라를 세웠으나 국력은 미미한 수준이었다. 러시아가 유럽 열강 반열에 오른 것은 로마노프왕조의 표트르 1세Pyotr I 때부터다. 그의 재위 기간(1682~1725년)에 러시아는 영토를 우랄산맥을 넘어 태평양까지 확장시켰다.

모피를 향한 인간의 욕망

러시아가 춥고 척박하며 인구도 희박한 동쪽으로 진출한 것은 단순히 영토 확장만을 위한 것이 아니었다. 몽골이 물러난 1,380만 제곱킬로미터의 시베리아는 수달, 비버, 담비 같은 모피 동물의 서식처였다. 시베리아는 살아 있는 보물이 가득한 거대한 창고나 마찬가지였다. 러시아로서는 돈을 벌 수 있는 절호의 기회가 열린 것이다.

　과거 유럽에서 겨울을 나는 일은 쉽지 않았다. 지금은 보일러 버튼만 누르면 실내가 따뜻해지며 더운 물이 쏟아지지만, 당시 유럽의 허술한 주택은 삭풍을 막을 능력이 없어 차가운 공기가 실내로 파고들었다. 벽난로가 내뿜는 열기만으로는 실내에서 모피 코트를 벗을 수 없었으며 잘 때도 모피 이불을 덮어야 했다.

모피는 추위를 이겨내기 위한 실용적인 목적 외에도 유럽의 귀족이 멋을 내고 격식을 차리는 데 널리 이용되었다. 유럽의 귀족이라면 당연히 수달이나 비버의 모피로 만든 모자를 쓰고 코트를 입었다. 모피가 군대의 계급장 같은 구실을 한 것이다. 조선시대 때 지체 높은 양반이 실용적이지 않고 오히려 불편해 보이는 큰 갓을 쓰고 다닌 것과 비슷한 일이다.

모피에 대한 유럽인의 갈증을 한동안 채워준 곳은 시베리아였다. 유럽 곳곳에서 시베리아로 집결한 사냥꾼들은 눈에 보이는 대로 모피 동물을 사냥했다. 그리고 모피 동물의 씨를 말린 후 다른 곳으로 이동해 사냥을 계속했다. 러시아 사냥꾼에게 지속 가능한 생태계라는 개념은 애당초 존재하지 않았다. '지금 잡지 않으면 다른 사냥꾼이 잡는다'는 생각이 시베리아의 자원을 빠르게 고갈시켰다.

이런 과정을 거치면서 러시아의 모피 동물 사냥은 주요 산업으로 성장해 국가 재정에서 상당한 비중을 차지하게 된다. 러시아는 자국의 수요를 충족하고 남은 모피를 외국에 판매해 세계적인 모피 수출국 반열에 올랐으나 지나친 남획으로 한계에 도달한다. 러시아로서는 모피산업을 유지할 만한 또 다른 사냥터가 필요했다. 이때 러시아인의 눈을 사로잡은 사냥터가 북태평양 건너 아메리카 대륙의 북단 알래스카였다.

17세기부터 서유럽에서 모여든 사냥꾼과 장사꾼이 북아메리카 동부에서 모피 동물을 사냥하거나 가죽을 수집했다. 그 결과 모피 동물은 빠른 속도로 자취를 감추고 만다. 사냥감이 부족해진 사냥꾼들은 모피 동물을 찾아 아직 유럽인의 손길이 닿지 않은 중부와 서부로 향한다. 모피를 향한 인간의 욕망이 아메리카 대륙 서부 개척의 원인 중 하나가 된 것이다.

팽창 욕구라면 누구에게도 뒤지지 않는 러시아도 기회를 놓치지 않았다. 표트르 1세는 탐험대를 조직해 태평양을 건너 아메리카 대륙으로 가도록 지시한다. 이 중에 덴마크인 비투스 요나센 베링Vitus Jonassen Bering이 이끄는 탐험대도 있었다. 베링은 1741년 알래스카를 탐험한 후 귀국길에 비타민C 부족이 원인인 괴혈병으로 숨지고 만다. 괴혈병은 대항해시대 선원들의 직업병이나 다름없었다.

베링은 비록 천수를 누리지 못했지만, 그의 업적을 기려 시베리아와 알래스카 사이 바다는 베링해 또는 베링해협으로 불리게 되었다. 모피 동물이 죽어서 가죽을 남기듯 베링은 자신의 전부와도 같은 바다에 이름을 남긴 셈이다.

러시아의 전성기를 이끈 표트르 1세는 탐험대를 조직해 아메리카 대륙으로 보냈다. 모피를 향한 인간의 욕망이 아메리카 대륙 서부 개척의 원인이 된 것이다. 1717년 장-마르크 나티에Jean-Marc Nattier가 그린 〈표트르 1세〉.

러시아 사냥꾼들은 새로운 사냥터인 러시아령 알래스카 (1773~1867년)에서 활개를 쳤다. 알래스카에는 비버는 물론 수달의 사촌이면서 덩치가 제법 큰 해달 같은 최고급 모피 동물도 많았다. 바다사자, 물범, 물개도 풍부했다. 이렇게 확보된 모피는 유럽에서 불티나게 팔렸다.

러시아 사냥꾼들의 남획은 부작용을 낳았다. 해달은 멸종 위기에 처한다. 러시아인이 북미에 진출하기 전까지 태평양 해안에는 30여 만 마리의 해달이 살았으나, 그 수가 수백 마리 수준으로 격감하고 만다. 해달의 불행은 단순히 해달이라는 동물 한 종의 비극으로 그치지 않았다. 2010년 아카데미 상을 휩쓴 영화 〈아바타〉(2009년)에서 알 수 있듯 무관해 보이는 여러 동물의 운명이 서로 연결되어 있기 때문이다. 즉, 인간과 동물과 환경이 서로 분리되지 않는다는 진실을 알려준다.

"쓸모없는 동토를 비싸게 샀다"

해달은 아시아의 미식가들이 즐기는 성게를 주식으로 삼는다. 해달이 사라지면 그곳 생태계는 균형을 잃고 급속히 무너지고 만다. 해달이 사는 곳에서는 성게가 급증하지 못하고 일정한 개체수를 유지한다. 성게의 주식 켈프kelp는 다시맛과에 속하는 갈조류로 해면에 뿌리를 단단히 내리고 육상의 숲과 같은 거대한 군락을 이룬다.

이런 켈프가 빽빽이 자리 잡으면 바닷물의 유속이 느려질 수밖에 없다. 이런 조건은 알을 낳는 물고기나 갓 태어난 치어가 살아가기에 훌륭하다. 천적을 피해 성장하는 데 이상적이기 때문이다.

켈프 숲이 울창하면 해양 생태계는 건강하게 마련인 반면 해달이 사라져 성게가 창궐하면 그곳 바다는 육지의 사막과 비슷하게 되어 어족 자원이 고갈된다. 어느 누구도 원치 않는 일이다.

러시아에 허락된 시간은 짧았다. 러시아는 여러 이유로 신생국인 미국에 알래스카를 양도했다. 알래스카는 수도인 모스크바에서 너무 멀어 지속적인 관리가 어려웠다. 영국 같은 적대국의 군대가 침공하면 방어하기 곤란했다.

러시아는 크림전쟁(1853~1856년)에서 패전한 후 재정 수요도 급증했다. 당장 현금이 필요한 처지가 된 러시아는 자국에 덜 위협적이라고 판단되는 미국에 알래스카를 매각했다. 러시아의 처지에서 알래스카 매도는 전혀 손해 볼 것이 없는

미국이 알래스카를 720만 달러에 구입하자, "쓸모없는 동토를 비싸게 샀다"는 비판이 일었다. 그러나 알래스카에서 금과 기름이 쏟아졌다. 당시 미국과 러시아가 체결한 알래스카 매매 증서.

거래처럼 보였으나 이는 근시안적인 것이었다.

　1867년 미국은 러시아에서 720만 달러에 알래스카를 매입한다. 당시 미국 여론에서는 "쓸모없는 동토를 비싸게 샀다"는 비판적인 의견이 다수였다. 얼마 후 반전이 일어난다. 알래스카에서 금은 물론 기름까지 쏟아졌다.

　그것이 다가 아니었다. 알래스카는 새로운 주인인 미국에 지하자원보다 훨씬 중요한 혜택을 제공한다. 미·소 냉전 시절 알래스카는 소련을 견제하는 미국의 중요한 군사기지가 되었다. 소련에 알래스카는 턱 바로 밑까지 치고 들어온 단도였다. 또한 알래스카는 미국이 태평양의 패권국가가 되는 데도 결정적인 역할을 한다. 알래스카의 해안선을 통해 태평양을 사실상 자국의 내해로 만드는 데 성공했기 때문이다.

　알래스카와 캐나다의 국경선은 미국과 캐나다의 다른 국경과 모양이 사뭇 다르다. 미국 본토와 캐나다의 국경은 긴 자를 대고 일직선으로 쭉 그은 모양이다. 반면 알래스카 쪽 국경선은 미국 영토가 살아 있는 동물처럼 해안선을 타고 길게 내려가는 모양새다. 이런 특이한 국경선도 러시아인의 모피 사냥과 관련이 있다.

　러시아인이 태평양 쪽 해안선을 따라 남하하면서 해달, 바다표범, 물개 같은 해양 포유류를 남획했기 때문이다. 일부 러시아인들은 캘리포니아 북부까지 내려와 마을을 세우고 살았다. 후추에 대한 유럽인의 열망이 의도치 않은 지리상의 발견으로 이어진 것처럼, 모피에 대한 유럽인의 열망은 미국과 러시아가 대국이 되는 데 상당한 영향을 미쳤다.

그 많던 긴 뿔 소는 어디로 갔을까?

"텍사스에서는 모든 것이 크다"

텍사스는 미국 연방을 구성하는 50개 주 중 하나다. 미국의 50분의 1이라고 할 수도 있겠지만, 그렇게 말하기에는 텍사스의 크기가 남다르게 크다. 텍사스의 면적은 70만 제곱킬로미터에 달한다. 알래스카를 제외한 미국의 모든 주 중 가장 넓다. 심지어 서유럽에서 국토 면적이 가장 넓어 농업이 발달한 프랑스보다도 크다.

텍사스는 인구도 많다. 로스앤젤레스와 샌프란시스코라는

초대형 메트로폴리스를 2개나 가진 캘리포니아 다음으로 인구가 많다. 3,000만 명에 육박하는 텍사스 인구는 오세아니아의 대표 국가인 오스트레일리아보다 많다. 텍사스는 주민 소득이 미국 평균보다 높은 편이다. 경제 규모는 독립국가로 치면 세계 10위권에 들 정도로 크다. 매년 세계 경제 규모 10위권 진입을 놓고 경쟁하는 캐나다와 한국의 국내총생산과 비슷할 정도다.

넓은 땅과 많은 인구를 가진 텍사스인들은 인심도 넉넉하다. 텍사스인은 도움이 필요한 외지인이나 곤경에 처한 사람을 보면 그냥 지나치지 않는다. 도움을 요청하지 않아도 무엇을 도와줄지 먼저 물어보는 경우가 많다.

또한 음식 문화도 유명하다. 미국에서는 예상을 벗어나게 푸짐한 음식이 제공되면 흔히 '텍사스 사이즈'라고 한다. 여기서 텍사스는 지명을 뜻하는 고유명사가 아니다. 명사인 사이즈를 수식하는 형용사로 빅big과 같은 뜻이다. 그만큼 텍사스의 음식 문화가 푸짐한 편이다.

넓은 초원을 가진 텍사스는 소를 키우기에 최적의 조건을 갖추었다. 미국에서도 대표적인 축산 단지로 손꼽힌다. 쇠고기가 많이 생산되는 텍사스는 스테이크, 바비큐, 햄버거가 유명한데, 맛도 맛이지만 양으로도 유명하다. 미국인들은 "텍사스에서는 모든 것이 크다"라고 말하기도 한다.

텍사스는 28번째 주로 미국에 편입되었지만, 한때 독립공화국이던 역사도 가졌다. 스페인의 식민지 시절을 거치고 멕시코의 통치를 받던 시절 텍사스인들은 멕시코와 전쟁을 벌여 텍사스공화국(1836~1845년)이라는 독립국을 건국했다. 지금도 텍사스의 주 깃발은 과거 텍사스공화국 국기다.

이러한 영향 때문인지 텍사스인들은 독립적인 성격이 강하고, 자존심도 무척 센 편이다. 텍사스 지도를 살펴보면 북부 지역이 달걀 프라이를 만드는 프라이팬의 손잡이처럼 기다랗게 튀어나와 있다. 텍사스인들은 그곳을 프라이팬의 손잡이라는 의미를 가진 팬핸들panhandle이라고 한다.

텍사스인의 가슴속에 남은 긴 뿔 소

팬핸들의 주요 산업은 텍사스의 대표 산업 중 하나인 축산업이다. 소가 사람보다 많다는 말이 있을 정도다. 팬핸들에서 자동차 핸들을 잡고 여행을 해보면 끝없이 펼쳐진 초원에서 풀을 뜯는 많은 소를 볼 수 있다. 농장이 즐비한 팬핸들에는 대도시가 없다. 댈러스, 휴스턴, 오스틴 같은 텍사스를 대표하는 도시에 가려면 남쪽으로 한참을 내려가야 한다.

　인구 1만 명도 되지 않는 팬핸들의 소도시인 댈하트Dalhart
에는 텍사스의 역사, 문화, 자연을 소개하는 XIT 박물관이 있
다. XIT는 한때 텍사스를 대표하던 초대형 목장의 이름이다.
1885년부터 1912년까지 운영되었는데, XIT 박물관은 그
목장 이름을 따서 만든 박물관이다. 그곳에 가면 매우 익숙한
인물이 펼친 전혀 예상 밖의 이야기를 들을 수 있다.

　낯선 이야기의 주인공은 이탈리아 출신 탐험가 크리스토
퍼 콜럼버스다. 그는 스페인 국왕 부부의 후원으로 아메리카
대륙을 발견한 인물로 알려져 있지만, 축산업이 발전한 텍사
스에서는 스페인에서 아메리카 대륙으로 유럽 혈통의 소를
최초로 데려온 인물로도 유명하다. 콜럼버스가 신대륙으로
데리고 온 소는 뿔 길이가 1미터가 넘는 긴 뿔 소인 롱혼이
며, 그 후손이 텍사스의 긴 뿔 소인 텍사스 롱혼texas longhorn
이다.

　롱혼은 이름 그대로 긴 뿔을 가진 소다. 과거 텍사스에 많
던 롱혼은 이제는 전성기가 지난 동물이다. 그래서 롱혼의 실
물을 보기는 어렵지만, 롱혼의 지나간 영광이나 흔적을 텍사
스에서 찾는 것은 그리 어렵지 않은 일이다. 미국의 각 주에
는 주를 대표하는 대학이 있다. 텍사스의 주도州都인 오스틴

텍사스의 긴 뿔 소인 텍사스 롱혼은 100여 년 전에 사라졌지만, 그 이름은 텍사스인의 가슴속에 남아 있다. 텍사스대학의 미식축구팀 롱혼스.

에 있는 텍사스대학이 그렇다. 한국인 유학생이 많은 텍사스대학은 학업 성취도가 뛰어난 대학으로 이름이 높다.

텍사스대학은 학업 성적 못지않게 롱혼스Longhorns라는 대학교 스포츠팀으로도 유명하다. 미국 대학 스포츠 중 미식축구팀의 인기는 여타 종목을 압도한다. 그런데 대학 미식축구팀은 지역 프로팀보다 더욱 강한 연고 의식을 갖고 있다. 그것은 주민들의 강력한 지원과 응원을 받기 때문이다. 텍사스에서 가장 강한 미식축구팀은 롱혼스로 미국 전체에서도 최상위권에 속할 만큼 대단하다. 비록 텍사스에서 롱혼이라는 긴 뿔 소는 100여 년 전에 사라졌지만, 그 이름은 여전히 텍사스인의 가슴속에 남아 있다.

텍사스인에게 깊은 인상을 남긴 롱혼의 영광과 몰락의 과정을 파악하려면, 그 소를 아메리카 대륙에 처음으로 데려온 콜럼버스의 탐험에 대해 먼저 살펴볼 필요가 있다. 특히 그가 신대륙에 첫발을 내디딘 1492년과 제2차 탐험이 있던 1493년으로 되돌아가야 한다.

1492년 이베리아에서 무어인을 몰아내고 반도를 통일한 신흥 스페인의 국왕 부부는 인도로 가는 새로운 항로를 찾겠다는 콜럼버스를 후원한다. 스페인 왕실의 후원하에 콜럼버스는 오랜 항해 끝에 당시 자신이 인도라고 생각했던 아메리카 대륙에 상륙한다.

콜럼버스가 원양 항해를 기획하고 자금을 모은 이유는 단순하다. 평범한 인간이라면 누구나 동경하는 부와 명예를 얻기 위해서다. 동서고금의 모든 사람이 갈구하는 부와 명예를 얻고자 콜럼버스가 선택한 수단은 당시 황금보다 귀한 대접을 받은 '검은 황금' 후추였다. 인도로 가는 바닷길을 개척하려고 한 까닭은 후추를 유럽으로 가지고 오는 빠른 길을 열려는 것이었다.

후추는 고기를 주식으로 하는 유럽인에게 있어도 그만, 없어도 그만이 아닌 생존에 필수적인 존재였다. 그런데 후추를 사랑하는 유럽인이 해결하기 어려운 문제가 있었다. 오스만 튀르크가 후추의 산지인 인도로 가는 길을 장악하고, 비싼 대가를 요구한 것이다. 오스만튀르크의 간섭을 받지 않고 인도에서 유럽으로 후추를 가져오는 것이야말로 콜럼버스를 포함한 유럽의 탐험가들이 꿈꾸는 일이었다.

그렇지만 콜럼버스는 그 꿈을 이루지는 못했다. 인도로 가는 길을 개척하지 못했기 때문이다. 그가 찾은 길은 아메리카 대륙으로 향했기에 후추를 구할 방법은 없었다. 그런데 쇠고기 요리와 관련한 콜럼버스의 활동이 전혀 무의미한 것은 아니었다. 비록 후추는 찾지 못했지만, 그 대신 엄청난 양의 쇠고기를 생산할 수 있는 목초지를 찾는 데 성공했기 때문이다. 지금도 아메리카 대륙의 미국, 캐나다, 브라질, 아르헨티나는 쇠고기 생산에 필요한 목초지를 많이 보유하고 있다.

아메리카에 유럽의 소를 가져가다

1492년 1차 원정에 성공한 콜럼버스는 이듬해 대규모 선단을 구성해 2차 원정에 나선다. 1493년 콜럼버스의 선단에는 스페인의 덩치 큰 소인 롱혼들이 실려 있었다. 롱혼은 수컷 기준으로 180센티미터나 되는 긴 뿔을 갖고 있기에 비좁은 배에 많은 수의 롱혼을 싣고 항해하기는 쉽지 않았을 것으로 추정된다. 콜럼버스가 유럽에서 데려간 롱혼의 숫자는 불분 명하지만, 그가 데려간 롱혼들이 아메리카 대륙 최초의 유럽 혈통 소라는 점에는 이견이 없다.

콜럼버스가 덩치 큰 롱혼을 좁은 배에 싣고 대서양을 건넌 것은 유럽인의 식문화와 관련이 있다. 한국인은 밥과 김치를 오랫동안 먹지 못하면 힘들어한다. 쇠고기는 유럽인에게 밥과 김치를 합친 존재와 같다. 따라서 콜럼버스는 신대륙에 정착하는 스페인 이주민의 입맛을 위해 소를 배에 실은 것으로 보인다. 신대륙을 안정적인 식민지로 만들려고 한 스페인의 준비 과정으로도 볼 수 있다.

1493년 롱혼이 도착하기 이전에도 아메리카 대륙에는 거대한 솟과 동물이 존재했다. 후일 미국, 캐나다, 멕시코 땅이 되는 북미의 넓은 초원에는 수천만 마리에 달하는 아메리카 들소, 즉 버펄로라고 불린 야생 들소가 살았다. 당시 버펄로의 수에 대해서는 자료마다 약간의 차이가 있는데, 지금까지 본 추정치 중 가장 큰 것은 6,000만 마리다.

버펄로는 아메리카 대륙의 선주민인 네이티브 아메리칸

콜럼버스는 유럽 혈통의 소인 뿔 길이가 1미터가 넘는 롱혼을 텍사스에 최초로 데려왔는데, 이는 신대륙에 정착하는 스페인 이주민의 입맛을 위해서였다.

native american에게 요긴한 존재였다. 그들은 식생활에 필요한 단백질의 상당 부분을 버펄로에게서 얻었다. 가죽과 뼈도 요긴하게 사용했다. 가죽은 옷과 텐트로, 텐트의 뼈대는 버펄로의 뼈로 만들었다. 우리 선조들이 "소는 머리부터 꼬리까지 버릴 것이 하나도 없다"라고 했는데, 그 말이 결코 틀리지 않음을 네이티브 아메리칸의 사례에서도 알 수 있다.

네이티브 아메리칸은 버펄로를 가축화하지 않았다. 버펄로는 사육하기에 체구가 너무 컸고, 성질도 사나웠다. 그래서 필요할 때마다 최소한의 수만 사냥했다. 이처럼 아메리카 대륙에서는 사람과 버펄로가 아주 오랫동안 큰 문제없이 잘 지냈다. 그런데 유럽에서 온 이주민은 그렇지 않았다. 터줏대감인 버펄로와 그런 관계를 맺고 싶지 않았기 때문이다. 그들은 쇠고기를 버펄로가 아닌 유럽에서 데리고 온 육우에서 얻었다.

육우를 키우기 위한 농장을 지었으며 생산된 쇠고기를 포함한 다양한 물류를 운송하기 위한 철도도 건설했다. 유럽 이주민들은 풀을 뜯어서 농장에 해가 될 수 있는 버펄로를 마구 학살했다. 심지어 덩치 큰 동물을 죽이는 재미를 느끼고자 도륙하기도 했다. 그 결과, 바다의 물고기처럼 많던 버펄로가 단기간에 사라지고 만다.

'버펄로 학살'에는 정치적인 목적도 숨어 있었던 것으로 보인다. 버펄로에게서 많은 것을 의존하던 네이티브 아메리칸의 생존을 어렵게 하기 위해 학살했다는 의혹을 지울 수 없기 때문이다. 초원에서 버펄로가 빠른 속도로 사라지자 일부 네이티브 아메리칸은 더는 버티지 못하고 저항을 포기한다.

그 후에도 스페인 계열의 이주민은 롱혼을 아메리카 대륙에 도입했다. 아메리카 대륙에 정착한 롱혼은 스페인 식민지가 아닌 미국에서도 인기를 누렸다. 스페인 출신의 롱혼이 미국에서 가장 사랑받은 곳이 스페인의 지배를 경험한 텍사스다.

미국 최대 축산 단지인 텍사스에서 롱혼이 전성기를 누린

유럽 이주민들이 버펄로를 학살한 것은 네이티브 아메리칸의 생존을 어렵게 하기 위한 정치적인 목적도 있었던 것으로 보인다. 그래서 바다의 물고기처럼 많던 버펄로가 단기간에 사라졌다.

시절은 19세기부터 20세기 초까지다. 콜럼버스가 인도로 가는 길을 찾다가 아메리카 대륙으로 가는 길을 연 것처럼 우연히 아메리카 대륙에서 전성기를 맞은 것이다. 100여 년의 시간은 길다면 길고 짧다면 짧은 시간인데, 롱혼이라는 소의 처지에서는 찰나와 같은 시간이었을 것 같다.

텍사스 롱혼 고기는 맛이 없다

텍사스에서 사육된 롱혼은 콜럼버스가 스페인에서 도입한 롱혼의 후예로 현지 지명인 텍사스를 붙여 '텍사스 롱혼'으로 불렸다. 그들은 롱혼의 후손답게 다른 품종의 소들이 가지지 못한 많은 장점을 보유하고 있었다.

텍사스 롱혼은 텍사스처럼 건조한 기후에 적응하는 능력이 뛰어났다. 이는 그들의 선조인 롱혼이 유럽의 이베리아반도에서 건조한 기후에 대한 적응을 마쳤기 때문이다. 후손들이 선조의 장점을 이어받은 것이다.

텍사스 롱혼은 식성도 별로 까다롭지 않았다. 입맛이 까다로운 다른 육우와는 달리 조악한 수준의 먹이도 잘 먹었다. 이는 사료 작물이 많지 않아도 사육에 별다른 어려움이 없다는 것을 의미했다. 이러한 텍사스 롱혼의 장점이 목장 경영자들의 눈을 사로잡았다.

롱혼의 전성기 시절, 목장과 도축장의 거리는 상당히 멀었다. 대부분의 대규모 도축장은 소비자가 많은 대도시에 있었다. 소를 키우는 목장에서 도축장이 있는 도시까지 보통 수백 킬로미터나 이동해야 했다. 까다롭지 않은 식성, 갈증에 대한 극복 능력이 있는 텍사스 롱혼은 아주 좋은 품종으로 대접받았다.

농업에 과학기술이 본격적으로 접목되면서 텍사스 롱혼의 전성기는 급격하게 저물어갔다. 텍사스 롱혼이 살을 찌우기 위해 전문적으로 개량된 육우 품종들과의 경쟁에서 밀리고 말았기 때문이다. 텍사스 롱혼은 가뭄에 대한 저항 능력이 뛰어났지만, 지하수를 대량으로 사용하는 기술과 먼 곳의 지표수를 끌어들여 사용할 수 있는 기술이 상용화되면서 이 능력은 더는 장점으로 대우받기 어렵게 되었다.

냉장·냉동 기술의 발달과 철도의 연장도 텍사스 롱혼에게는 악재였다. 장거리 이동에서 다른 품종에 비해 롱혼은 분명한 강점이 있었다. 하지만 과학기술의 발달로 소나 사람 모두에게 힘든 장거리 이동이 쉬워지면서 텍사스 롱혼의 장점은 무용지물이 되고 말았다.

텍사스 롱혼 고기는 지방이 많지 않고, 육즙이 풍부하지 않으며, 부드럽지 않다. 그래서 맛이 없다는 평가를 시장에서 피할 수 없다. 미국의 마트에 진열된 쇠고기.

    텍사스 롱혼이 가진 장점이 시장에서 경쟁력을 잃어가면서 오히려 단점이 부각되기 시작했다. 설상가상이었다. 롱혼 고기는 지방이 많지 않다. 지방이 많이 붙어 있는 다른 육우 품종보다 육즙이 풍부하지 않으며 부드럽지 않다. 텍사스 롱혼 고기는 맛이 없다는 평가를 시장에서 피할 수 없었다. 소비자의 선택에서 외면받는 신세가 된 것이다.

    현대식 축산업에서는 가축의 '사료 효율'을 강조한다. 목장 경영자는 살이 빨리 많이 찌는 소를 선호한다. 하지만 텍사스 롱혼은 그런 점에서 농장주에게서 좋은 평가를 받지 못했다. 빨리 살찌도록 특화된 품종이 아니었기 때문이다. 그들은 현대의 축산 경영이 강조하는 증체增體 능력을 만족시킬 수 없었다. 이렇듯 장점은 사라지고 단점이 부각되면서 텍사스 롱혼의 인기는 차갑게 식어버린다. 결국 버펄로처럼 극소수만이 살아남은 처량한 신세가 되었다.

목장 경영자들이 텍사스 롱혼의 단점이라고 부각한 것을 다른 시각에서 살펴보면 장점으로도 볼 수 있다. 고기에 기름기가 적다는 점은 소비자의 건강에 긍정적으로 작용할 수 있다. 저지방과 저칼로리 쇠고기는 비만은 물론 심혈관계 질환 예방에도 좋은 작용을 할 수 있다.

멧돼지가 유럽에서

미국으로 건너가다

미국에서 황금기를 맞은 멧돼지

초강대국 미국은 농업 대국이기도 하다. 북아메리카 대륙의 넓고 비옥한 초원에는 지금도 엄청난 수의 소와 돼지가 자란다. 가축을 먹여 살릴 옥수수나 대두 같은 사료 작물도 넉넉하다. 미국산 육류는 자국 소비를 충족하고도 남아 상당 부분은 해외로 수출된다. 2018년 6월 기준 7,345만 마리의 돼지가 미국에서 자라며 1,217만 톤의 돼지고기를 생산했다.

미국 돼지에는 널리 알려지지 않은 역사가 숨어 있다. 유럽인들이 북아메리카 대륙에 도착하기 이전까지 미국 땅에는 돼지라는 발굽 동물이 존재하지 않았다는 사실이다. 따라서 2021년 현재 미국에서 자라는 집돼지, 멧돼지, 잡종돼지는 유럽에서 미국으로 건너온 이주민들이 데리고 온 돼지들의 후손이다.

이들이 바다를 건너 유럽에서 미국으로 돼지를 데려온 이유는 간단하다. 이주민들이 돼지고기라는 양질의 단백질을 간절히 원했기 때문이다. 유럽에서 돼지고기를 즐긴 이주민들은 돼지고기 없는 미국의 식생활이 행복하지 않았을 것이다. 어찌 보면 고역이었을 수도 있다. 따라서 집돼지들을 유럽에서 미국으로 싣고 온 것은 이상할 것이 하나도 없는 자연스러운 현상이다.

호기심을 불러일으키는 것은 멧돼지다. 이주민들이 유럽의 산과 들에서 자유롭게 생활하던 야생 멧돼지를 북아메리카 대륙으로 데려온 것은 상식적으로 이해하기 어려운 사건이다. 대서양을 건너 멧돼지들을 미국으로 옮기려면, 적지 않은 비용과 시간이 들어가지 않은가? 멧돼지가 유럽에서 미국으로 오게 된 데는 잘 알려지지 않은 역사가 있다.

우리나라 국민이라면 멧돼지가 얼마나 말썽을 피우는지 잘 알 것이다. 멧돼지에 대한 피로도가 극도로 쌓여 있다고 해도 지나치지 않다. 농작물을 훼손하거나 도심에 출현하는 멧돼지에 대한 부정적인 보도는 멧돼지 피해를 직접 당하는 농민뿐만 아니라 도시민도 질리게 한다.

멧돼지라는 동물에게 한국은 살기 좋은 나라다. 녹화綠化가 잘된 삼림이 제공하는 우거진 수풀 덕분에 몸을 은신할 곳이 충분하다. 나무 열매나 뿌리 등 먹을 것이 지천으로 널려 있다. 금상첨화로 한국의 야생에는 멧돼지의 생존을 직접 위협할 호랑이나 늑대 같은 천적도 존재하지 않는다. 멧돼지가 야생의 왕이라고 해도 틀리지 않을 정도다. 멧돼지에게 한국의 야생은 천국이나 다름없다.

한국에서 멧돼지는 과잉 번식으로 개체수를 불려가고 있다. 늘어난 숫자 탓에 삼림에 사는 것만으로는 성이 차지 않게 되었다. 결국 농부가 살아가는 터전인 농경지로 내려와 수시로 농작물에 피해를 주고 있다. 농부가 밭에 씨를 뿌려놓으면 그것만 골라 먹기 일쑤다. 열매가 열리면 역시 가만히 두지를 않는다. 멧돼지는 특히 자신이 좋아하는 고구마를 뿌리까지 파헤쳐 농사를 포기하게 만든다. 이 피해로 인해 농부들의 원성은 매년 하늘을 찌르지만, 이를 막을 대책은 달리 없는 것이 현실이다.

멧돼지라는 동물이 애당초 없던 미국에서도 최근 멧돼지

멧돼지는 농작물을 훼손하거나 도심에 출현해 사람들에게 피해를 주고 있다. 멧돼지라는 동물이 애당초 없던 미국에서도 그 피해가 많이 일어나고 있다.

들로 인한 피해가 빈발한다. 미국의 자연환경도 멧돼지가 살기에 적합하다. 미국에는 한국과 비교하기 힘들 만큼 평야가 이어져 있다. 멧돼지의 개체수를 조절할 수 있는 천적도 부족하다. 외래 침입종인 멧돼지가 미국에서 황금기를 맞았다고 해도 과언이 아니다.

미국의 육식동물 중에서 난폭한 멧돼지의 개체수를 조절할 포식자는 늑대나 퓨마 정도밖에 없다. 게다가 늑대나 퓨마의 개체수가 그리 많지 않아 생태계가 균형을 잡기가 쉽지 않다. 멧돼지가 미국의 자연에 원래 없던 동물이니 어찌 보면 당연한 일이다. 미국에서 피해를 줄이는 유일한 방법은 수고스럽더라도 사람이 총을 들고 사냥개와 팀을 이루어 멧돼지를 없애는 것이다.

'멧돼지 박멸'에 나서다

미국에서 멧돼지가 주는 피해는 사람에게만 국한되지 않는다. 생태계도 울상이다. 멧돼지도 돼지이기에 주체할 수 없는 왕성한 식욕을 가지고 있다. 농부들이 애써 키운 농작물을 무자비하게 먹어치운다. 농사를 망치는 것은 누구나 예상하는 기본적인 피해일 뿐이다. 경작지도 들쑤셔놓는다. 멧돼지 무리가 한 번 휩쓸고 간 농경지는 황폐해지고 만다.

멧돼지는 민첩하고 빠른 만큼 활동 범위도 넓은 편이다. 멧돼지가 전염병에 감염된 상태라면 이곳저곳에 있는 그들의 가까운 친척인 집돼지에게 병을 전파시킬 수도 있다. 미국에는 7,000만 마리 이상의 집돼지가 산다. 따라서 지금처럼 멧돼지를 방치하는 것은 심각한 위험이다.

축산 대국에서 가축 전염병의 대유행은 천문학적인 손실로 이어진다. 멧돼지는 사람과 동물이 같이 감염될 수 있는 인수공통전염병의 매개체가 될 수도 있다. 한국에서 많은 피해를 일으켰던 브루셀라병도 멧돼지가 사람과 집돼지에게 옮길 수 있다.

멧돼지가 주는 피해는 여기서 그치지 않는다. 멧돼지는 본능적으로 땅을 파헤쳐 먹이를 찾는 습성이 있다. 따라서 이 과정에서 멧돼지는 본의 아니게 땅에 둥지를 틀고 사는 작은 새나 파충류의 생존에도 큰 위협이 된다. 식욕과 번식력이 왕성한 멧돼지는 영역에 대해 강한 소유욕이 있다. 따라서 멧돼지와 비슷한 먹이를 찾는 동물에게는 덩치가 크고 난폭한 멧돼지가 상대하기 힘든 경쟁자가 될 수 있다.

멧돼지가 이렇듯 많은 문제점을 일으키거나, 일으킬 가능성이 있어 미국은 멧돼지 박멸을 목표로 세웠다. 이를 위해 미국은 멧돼지와 관련해 몇 가지 행동을 취하고 있다. 첫째, 외국 멧돼지의 미국 내 유입을 엄격히 금지하고 있다. 미국에서 일어나는 멧돼지 관련 피해의 시작은 독일 등 유럽에서 들여온 멧돼지 때문이다. 둘째, 사람이 멧돼지를 번식시켜서는 안 된다. 자칫 이들이 울타리를 넘어 야생으로 돌아갈 수 있기 때문이다. 또한 멧돼지 고기의 거래도 금지된다. 셋째, 멧돼지를 숲이나 공원에 방사해서도 안 된다. 소수의 멧돼지라도 수년 후 엄청난 숫자로 늘어날 수 있기 때문이다. 그렇다면 도대체 누가, 언제, 왜 멧돼지를 미국으로 들여왔을까?

사냥꾼의 욕망을 만족시키다

미국은 총기 소유에 대해 관대하다. 이런 시각은 낚싯대를 이용해 물고기를 잡는 스포츠인 낚시와 총을 사용해 야생동물을 잡는 사냥이나 본질적으로 같은 스포츠로 해석하게 한다. 미국에서 낚시용품을 판매하는 상점 대부분은 사냥총을 포함한 다양한 사냥 도구를 함께 진열해놓는다.

　한국은 삼면이 바다고, 한국인은 생선을 즐긴다. 그래서인지 낚시는 특정 계층의 전유물이 아니라 대중적 스포츠로 인식된다. 채널A는 이런 흐름을 읽고 〈도시어부〉 같은 낚시 전문 프로그램도 제작해 인기리에 방송한다. 반면 미국 TV에서는 사냥꾼이 주인공으로 등장하는 프로그램을 자주 방송한다. 총을 맞고 쓰러진 사냥감도 모자이크로 처리한 후 보여준다.

미국의 사냥철은 가을걷이가 끝난 늦가을에 시작된다. 동네 주유소에서는 얼룩무늬 위장복을 입은 사냥꾼들이 픽업트럭을 몰고 와서 연료를 채우는 장면을 흔히 볼 수 있다. 한국인의 눈에는 신기한 광경이지만, 미국에서는 이런 사냥꾼이 너무 많아 일상의 한 광경으로 지나치게 된다.

사냥꾼 일행 중에는 초등학교 저학년 정도로 보이는 남자 아이들이 꽤 있다. 미국 아빠들은 아이가 어릴 때 사냥을 가르쳐주어야 한다고 생각한다. 아이들이 자라면 아빠 못지않은 실력을 가진 사냥꾼이 될 것이다. 미국 사냥 전문잡지에서는 사냥한 오리들의 목을 엮은 줄을 든 채 아빠와 아이가 함께 즐겁게 촬영한 사진을 쉽게 볼 수 있다.

멧돼지를 미국에 가져온 것은 고기를 얻을 목적이 아니었다. 멧돼지 고기는 질기고 기름이 적다. 멧돼지 고기를 찾는 사람은 집돼지 고기를 찾는 사람보다 훨씬 적다. 미국에서 멧

멧돼지는 고기를 얻을 목적보다는 덩치가 크고, 저돌적이고, 빠른 동물을 잡으려는 사냥꾼들의 욕망을 만족시키기 위해 데려왔다.

돼지를 수입한 것은 사냥을 대중 스포츠로 생각하는 미국의 문화 때문에 일어난 일이었다. 사냥꾼이 가장 선호하는 사냥감은 사슴이지만, 거친 야성을 가진 일부 사냥꾼들에게 사슴은 밋밋한 사냥감에 불과하다. 덩치가 크고, 저돌적이고, 빠른 동물을 잡으려는 이들이 있기 마련이다. 거친 사냥감을 좋아하는 사냥꾼에게 멧돼지는 최적의 대상이다.

　미국에는 거친 사냥꾼들의 수렵 욕망을 만족시킬 만한 야생 멧돼지가 없었다. 이에 대한 해결 방법을 고민하던 차에 유럽에서 멧돼지를 수입한 것이다. 아메리카 대륙에도 돼지 아목에 속하는 야생동물이 있다. 페커리는 멧돼지와 비슷한 외모 때문에 한때 멧돼짓과로 분류되기도 했다. 하지만 생물학적인 차이 때문에 지금은 페커릿과로 별도 분류된다. 페커리는 아메리카 대륙에서만 살아서 '아메리카 멧돼지'라고도 불린다. 미국 남부와 중남미 전역에 서식한다.

페커리의 체구는 멧돼지와 비교하기 힘들 정도로 왜소하다. 북아메리카 대륙에는 수백 킬로그램의 대형 사슴과 곰이 산다. 그런 곳에서 체중 20~30킬로그램의 페커리는 사냥꾼들의 호기심을 일으키기에는 부족한 점이 많은 동물이다. 하지만 페커리를 얕봐선 안 된다. '책 표지만 보고 그 내용을 판단하지 마라'는 속담은 페커리에게 적합하다. 페커리의 포악한 성격은 자신보다 몇 배나 큰 멧돼지에 비해 뒤지지 않기 때문이다. 함부로 건드렸다가는 봉변당하기 딱 좋다. 재규어나 악어 같은 아메리카 대륙 최고의 포식자가 아니면 가던 길을 지나치는 것이 신상에 좋다.

외모 때문에 멧돼지와 혈연관계가 가까울 것이라고 여겨지던 다른 동물도 있다. 아프리카의 하마는 한때 멧돼지나 페커리와 함께 돼지아목으로 분류되었다. 하지만 하마는 돼지의 친척이 아닌 고래의 친척이다. 그래서 외모만 보고 판단하면 안 된다.

멧돼지가 미국에 도입된 것은 그리 오래된 일이 아니다. 19세기 말에야 멧돼지는 유럽에서 미국으로 건너오기 시작했다. 1890년 뉴햄퍼셔의 한 목장주는 사냥을 목적으로 자신의 목장에 독일산 야생 멧돼지를 들여왔다. 이 멧돼지가 미국 멧돼지 역사의 시작이다.

멧돼지들은 강한 야성이 있다. 미국에 온 멧돼지 중 일부는 울타리를 탈출해 자연으로 돌아가려고 했다. 멧돼지는 사람이 만든 울타리에 순응하는 동물이 아니기 때문이다. 비록 나중에 모두 포획되었지만, 뉴햄퍼셔의 목장주가 독일에서 수입한 멧돼지 중 일부는 잠시나마라도 자연에서 자유를 즐기기도 했다.

이후 미국의 곳곳에서 유럽 멧돼지를 수입한다. 이렇게 들어온 멧돼지는 개인 목장이나 사냥터에서 잠시 키우다가 사냥감으로 활용되었다. 일부 멧돼지는 목장의 울타리를 넘어 자연으로 영영 도망쳐 야생에서 자신의 사촌을 만난다. 자유를 그리워해 목장의 담을 넘은 탈출 집돼지였다. 그리고 이들은 교배를 통해 후손을 만들어낸다. 그 잡종 돼지들은 미국 초원의 새로운 야생동물이 된다.

생태계를 파괴하다

사람의 개입으로 생태계에 큰 혼란이 일어난 것은 미국에만 국한되지 않는다. 또 다른 신대륙인 오스트레일리아에서도 비슷한 사건이 벌어졌다. 오스트레일리아는 홀로 떨어진 섬과 같이 수백만 년 이상 고유한 생태계를 유지했지만, 19세기 유럽 이주민들이 대거 유입되면서 격변의 시기를 맞게 된다.

유럽의 귀족들은 국적과 관계없이 토끼 사냥을 즐겼다. 멋진 복장을 한 채 수십 마리의 사냥개를 거느리고 들판을 달리는 것은 성공한 귀족의 상징과도 같았다. 이주민들도 비록 유럽은 아니지만 그런 생활을 오스트레일리아에서 하고 싶었다. 뜻이 있는 곳에 길이 있듯이 19세기 중반 토끼가 없던 신대륙에 유럽산 토끼를 도입한다.

토끼는 오스트레일리아 같은 건조한 지역에서는 재앙 같은 동물이다. 왕성한 식욕과 엄청난 번식력을 가지고 있기 때문이다. 토끼가 생태계에서 유일하게 두려워한 존재는 야생 들개인 딩고다. 하지만 딩고도 토끼의 개체수를 조절할 정도로 많지 않았다. 딩고도 엄밀히 분석하면 오스트레일리아의 고유종이 아니다. 수천 년 전 지금의 오스트레일리아 원주민들과 함께 동남아시아 등에서 이주한 동물이기 때문이다.

유럽과는 달리 포식자의 눈치를 볼 필요가 없어진 토끼는 건조지대의 풀을 마음껏 약탈한다. 하지만 지역 특성상 풀의 재생 속도는 빠르지 않았다. 결국 초원의 회복 속도는 토끼의 소비 속도를 도저히 따라가지 못하는 상황에 처하게 된다.

토끼를 도입한 이주민들은 사태의 심각성을 뒤늦게 깨닫는다. 그리고 해결 방안을 고민한다. 하지만 장고 끝에 악수惡手였다. 그것도 악수 중에 악수였다. 유럽산 붉은여우는 토끼의 천적이 분명하지만, 먹잇감으로 토끼만을 고집하지는 않는다. 판다가 대나무 잎을, 코알라가 유칼립투스 잎만 고집하는 것과는 확연한 차이가 있다.

붉은여우는 입맛이 까다롭지 않은 포식자다. 아무것이나 잘 먹는다. 고기는 물론 채식도 즐긴다. 신선한 채소와 과일도 좋아한다. 먹이를 가리지 않는 식습관은 붉은여우의 뛰어난 환경 적응 능력과도 연결된다. 물론 토끼는 붉은여우가 즐기는 먹잇감이다. 하지만 토끼는 사냥 솜씨가 좋은 붉은여우라도 쉽게 잡기 어려운 사냥감이다. 그래서 붉은여우는 토끼보다 느리고 상대적으로 쉬운 다른 동물들에게 관심을 가지게 된다.

오스트레일리아 고유의 작은 동물들은 지난 수백만 년 동안 붉은여우 같은 날래고 영리한 포식자를 상대한 적이 없었

입맛이 까다롭지 않은 붉은여우는 토끼뿐만 아니라 다른 동물들도 잡아먹으면서 생태계에 큰 혼란을 주었다.

다. 그들에게 붉은여우는 마른하늘에서 번쩍이는 날벼락과 같았다. 결국 붉은여우는 오스트레일리아의 생태계 역사에서 최악의 외래 침입종이 된다.

미국의 초원에서 서식하는 멧돼지의 대부분은 순종 멧돼지가 아니다. 멧돼지의 모습을 하고 있으나 몸집이 유럽의 순종 멧돼지보다 훨씬 커졌다. 멧돼지와 집돼지 사이에서 태어난 잡종 돼지의 후손은 순종 멧돼지의 난폭함과 강한 생존력을 물려받았고, 집돼지의 덩치 큰 유전자까지 이어받았다.

2007년 앨라배마주에서는 11세 소년에 의해 체중 477킬로그램, 길이 2.85미터의 대형 멧돼지가 사살되었다. 이 멧돼지는 권총 8발을 맞은 뒤에야 쓰러졌다. 체중 300~400킬로 그램에 달하는 호그질라hogzilla가 마침내 미국에 나타난 것이다(호그질라는 돼지hog와 고질라godzilla의 합성어다). 이들은 괴물을 뜻하는 몬스터monster로 불리기도 한다. 거친 동물을 사냥하고자 한 인간의 욕심이 이런 괴물 돼지를 만든 셈이다.

사자는 왜 남자만 사냥했을까?

"통일을 위해 독일인의 철과 피가 필요하다"

아프리카 지도는 누군가 자를 대고 국경선을 그은 것 같은 느낌을 준다. 사실이 그렇다. 140여 년 전 열강의 대표들이 유럽에 모여 아프리카의 운명을 결정짓는다. 열강은 아프리카가 가진 다채로운 특징을 고려하지 않고, 오로지 자국의 이해관계에 입각해 그렇게 선을 긋고 말았다.

　1884년 11월 15일 신생 독일제국 수도 베를린에서 당대 유럽의 최고 실력자 오토 폰 비스마르크Otto von Bismarck 주재로 특별한 의미를 가진 회의가 열린다. 왜 하필 독일 베를린에 유럽의 열강이 모여 회의를 열었는지부터 알아볼 필요가 있다. 독일은 오랜 기간 소국으로 나뉘어 있었다. 국토가 조각나 있으면 주변 강국의 간섭을 받게 마련이다. 독일은 프랑스 같은 주변 강국의 영향력에서 자유롭지 못했다.

19세기 초반 유럽 최강자는 프랑스의 황제 나폴레옹이었다. 당시 프로이센왕국을 제외한 독일의 소국들은 프랑스가 주도한 괴뢰정부인 라인연방Confederation of the Rhein에 가입해 프랑스의 수하 역할에 충실했다. 독일로서는 수치스러운 역사다. 이러한 상황에서 프로이센왕국은 독일 통일을 꿈꾸었다. 독일이 유럽 최강으로 굴기할 큰 그림도 그렸다. 프로이센왕국이 선택한 길은 군국주의다. 그리고 프리드리히 1세와 2세를 거치면서 군국주의의 기반을 다진다.

독일 통일의 전기는 1862년 내각 총리로 비스마르크가 취임하면서 찾아온다. 그는 철혈재상鐵血宰相으로 유명하다. "통일을 위해 독일인의 철과 피가 필요하다"라고 주창한 인물이다. 프로이센의 최대 장점은 강력한 군사력이었다. 프로이센은 독일 통일에 반대하거나 부정적인 견해를 가진 주변국을 하나씩 제압했다. 1864년 북쪽의 덴마크와의 전쟁에서 승리한 후, 그 기세를 몰아 1866년 남쪽의 숙적 오스트리아까지 격파했다. 그러고 나서 통일의 가장 큰 걸림돌이던 프랑스를 보불전쟁을 통해 무찔렀다.

프랑스로서는 독일 통일은 매우 거북한 일이었다. 피할 수만 있으면 꼭 피해야 했다. 국경선 너머에 '통일독일'이라는 강력한 군국주의 국가가 등장하는 것은 프랑스에 악몽과도 같은 일이었다. 그래서 프랑스는 독일 남부 지역에 영향력을 행사하며 통일을 방해했다. 보불전쟁 발발은 사실 시간문제였다.

예상과 달리 프로이센이 아닌 프랑스가 전쟁 시작 단추를 눌렀다. 1870년 프랑스는 전쟁 준비가 제대로 되지 않은 상황에서 포문을 열었다. 프로이센은 전쟁 준비가 완료된 상황에서 프랑스의 공격을 받았다. 전쟁은 이듬해인 1871년 프로이센의 승리로 종결되었다. 프랑스는 황제인 나폴레옹 3세마저 포로 신세가 되어 더는 버틸 수 없었다.

독일이 통일로 가는 길은 비스마르크의 말대로 프로이센 군인들과 그 주변국 군인들의 '피'로 열렸다. 통일의 주역인 비스마르크는 독일의 전신인 프로이센왕국 시절까지 포함해 28년 동안이나 총리를 맡으며 통일의 기반과 통일 후 제국의 성장을 견인했다.

프로이센은 1871년 1월 프랑스 파리에서 독일제국을 선

비스마르크는 "통일을 위해 독일인의 철과 피가 필요하다"라고 주창했다. 1871년 1월 프랑스 파리 베르사유궁전에서 독일제국을 선포하는 빌헬름 1세(중앙의 흰색 예복을 입은 사람이 비스마르크다).

포했다. 유럽 대륙의 중심 국가 자리는 프랑스에서 독일제국으로 넘어갔으며, 파리 대신 베를린이 국제회의 장소로 각광받게 된다.

1884년 유럽 최고 실세 비스마르크가 주재한 회담은 후일 '베를린 회담'으로 명명된다. 콩고에서 벌어지는 열강의 각축 등 아프리카 문제를 해결하고자 회의가 소집되었다. 포르투갈, 벨기에, 프랑스 등이 탐험가와 군인을 보내 식민지로 개척하던 콩고에서는 영토 갈등이 진행되고 있었다. 베를린 회담에서 콩고는 벨기에의 레오폴드 2세Leopold II의 사유지인 콩고자유국Congo Free State(현재 콩고민주공화국)이 되는 것으로 결론이 났다.

아프리카의 경계선 긋기

레오폴드 2세가 콩고자유국을 차지한 후 인구가 1,000만 명넘게 줄었다는 주장이 나올 만큼 콩고자유국에 대한 식민 지배는 가혹했다. 원주민들은 플랜테이션 농장에서 강제 노동을 했는데, 목표량을 채우지 못하면 손과 발과 목이 잘려나갔다. 강제 노역과 신체 절단에는 어린아이도 예외가 아니었다. 콩고자유국에서 벌어진 수탈과 악행의 역사는 영화 〈레전드 오브 타잔〉(2016년)을 통해 소개되기도 했다.

문제는 이러한 현상이 비단 콩고자유국에만 국한된 것이 아니었다는 점이다. 다른 아프리카 지역도 마찬가지였다. 열강 각국 사이에서 갈등이 조정되지 않으면, 국지전 혹은 전면전이 발발할 수밖에 없는 상황이기도 했다. 그래서 유럽 열강이 베를린에 모여 아프리카 문제를 토론할 국제회의를 연 것이다.

독일 베를린에서 열린 회담의 목적은 명료했다. 아프리카의 국경선을 최종적이면서 불가역적으로 확정하는 것이었다. 이후 아프리카는 유럽 열강의 식민지로 전락했다.

아프리카인들을 제외한 상태에서 열강 대표들만 모여 아프리카의 운명을 결정하는 것은 비도덕적이며 논리적으로 맞지 않다. 어불성설이다. 하지만 19세기는 논리나 도덕이 국제사회를 지배하던 시기가 아니다. 힘의 논리가 온 세상을 지배하던 약육강식의 시절이었다.

베를린 회담의 목적은 명료했다. 아프리카의 국경선을 최종적이면서 불가역적으로 확정하는 것이 목표였다. 여기서 말하는 국경선은 독립국들 사이의 경계가 결코 아니다. 열강 각국이 점거한 식민지의 경계선을 가리킨다. 베를린 회담이 열린 19세기 말 열강은 '배가 고팠다'. 과거에는 식민지 착취를 통해 비교적 쉽게 배를 불렸으나 그들의 주머니는 거의 비어가고 있었다. 아메리카 식민지 대부분이 독립전쟁 등을 통해 홀로 섰다. 그러나 유럽 열강들은 지속적 경제 발전과 새로운 국부 창출을 위해 아메리카를 대체할 대형 식민지 개발이 절실했다.

새로운 식민지 후보는 아프리카였다. 열강이 원하는 조건을 갖춘 약속의 땅이었다. 본국인 유럽에서 가까워 관리하기도 쉬웠다. 위기가 발생하면 본국에서 신속하게 파병하는 것이 가능했다. 지하자원과 임산자원도 풍부했다. 잇속을 따질 때 주판알 튕기기는 누구나 간단하게 하지만 현실은 복잡하기 마련이다. 아프리카 곳곳에서 더 넓은 땅 혹은 더 좋은 땅을 차지하기 위한 열강의 치열한 다툼이 일어났다. 열강의 싸움은 먹이를 놓고 다투는 초원의 늑대나 사자와 다를 것이 없었다.

베를린 회담이 종료된 1885년, 아프리카에는 단 2개의 독립국만 남는다. 다른 나라는 모두 열강의 식민지가 되었다. 유이唯二하게 남은 나라는 1847년 미국의 해방 노예들이 서

아프리카에 세운 라이베리아와 유럽 침략군을 물리친 에티오피아뿐이었다. 열강이 총, 칼, 자를 들고 아프리카를 삼켜버린 것이다.

사자가 사람을 사냥하다

베를린 회담 이후 땅따먹기 경쟁은 일단락된다. 수탈이 본격적으로 시작된 후 영국 식민지 한 곳에서 굉장히 특이한 성격의 참사가 발생한다. 참사는 자연재해나 사람들이 벌인 어처구니없는 실수에서 비롯하게 마련인데, 케냐에서 벌어진 사건은 성격이 사뭇 달랐다. 참사를 일으킨 주체는 아프리카에서 가장 사나운 야생동물인 수사자들이었다. 희생자 대부분은 여성이나 어린아이가 아닌 신체가 건강한 성인 남성이었다.

이 참사는 가상의 섬인 스컬 아일랜드Skull Island의 초대형 고릴라인 킹콩이나 아프리카 밀림에 사는 '유인원의 왕 타잔'처럼 꾸며낸 것이 아니다. 그래서 사람들의 관심이 더 컸다. 이 사건은 세 차례에 걸쳐 영화로 제작된다. 1996년에 개봉한 영화 〈고스트 앤 다크니스〉는 제69회 아카데미 시상식에서 음향편집상을 수상했다. 이 영화는 영국 식민지인 케냐에서 사자들이 일으킨 참사를 배경으로 한다. 영화의 수준은 보통 출연 배우의 면면만 보아도 알 수 있다.

〈고스트 앤 다크니스〉의 주연은 2명인데, 영국군 중령 존 헨리 패터슨John Henry Patterson 역할을 맡은 발 킬머Val Kilmer 의 비중이 더 높다. 그는 1995년에 개봉한 〈배트맨 포에버〉에서 배트맨 역할을 했다. 지금도 그렇지만 배트맨이나 슈퍼맨 같은 영화에서 슈퍼 히어로 역할은 아무나 하는 것이 아니다. 최고 인기 배우여야 가능하다. 또 다른 주연은 마이클 더글러스Michael Douglas였다.

〈고스트 앤 다크니스〉에서 두 주연배우의 연기는 잘 부각되지 않는다. 숨어 있는 주연이 있기 때문이다. 러닝타임 내내 긴장감을 불러일으키는 연기를 한 배우들은 사람이 아니다. 사자들은 영화에서 모습을 온전히 드러내지 않는다. 고스트ghost와 다크니스darkness 역할을 한 수사자들이다. 고스트와 다크니스는 귀신과 어둠 정도로 번역할 수 있다. 참사 당시 사람들이 그들을 얼마나 두려워했는지 짐작할 수 있지 않은가?

고스트와 다크니스의 활동 무대는 케냐의 차보Tsavo다. 차보에는 지금도 많은 야생동물이 서식한다. 영국은 생태학적 중요성을 인정해 1948년 차보를 국립공원으로 지정했다. 케

고스트와 다크니스의 활동 무대였던 케냐의 차보에는 지금도 많은 야생동물이 서식한다.
영국은 1948년 차보를 국립공원으로 지정했다. 차보국립공원에 있는 코끼리들.

냐에서 규모가 가장 큰 국립공원으로 면적이 2만 900제곱킬로미터에 달한다. 경상북도보다 크고 경기도의 2배가량이다.

사자는 무리를 이루어 생활하는 동물이다. 우두머리 수사자들을 중심으로 암사자와 새끼들이 프라이드라고 불리는 무리를 이룬다. 사자들은 먹잇감으로 체구가 큰 대형 발굽 동물을 좋아한다. 물소, 얼룩말, 영양 같은 대형 동물 성체는 몸무게가 수백 킬로그램에 달한다. 사냥감 무게가 이 정도는 되어야 사자 무리가 배불리 먹을 수 있다.

떠돌이 수사자 중에는 더러 혼자 사는 사자도 있으나, 고스트와 다크니스처럼 짝지어 다니는 것이 더 일반적이다. 수사자, 암사자, 새끼 사자로 이루어진 프라이드에 속하지 못한 수사자들이 같이 사는 것은 그 나름 이유가 있다. 혼자 생활하는 것보다 무리를 이루는 것이 안전에 유리한 데다 사냥 성공률 또한 높일 수 있으며 프라이드를 구성할 기회도 잡을 수 있다.

고스트와 다크니스가 체구에 걸맞은 먹잇감인 발굽 동물을 열심히 사냥하고 잡아먹었다면, 사람들의 무관심 속에 천수를 누렸을 수도 있다. 하지만 수사자들은 그렇게 살지 않았다. 사람도 사냥했다. 모든 동물은 생존 본능을 가졌다. 본능이 행동을 지배한다. 야생동물의 DNA에는 사람을 공격하는 것이 생존에 유리하지 않다는 점이 각인되어 있다.

고스트와 다크니스가 왜 사람 사냥을 전문적으로 했는지는 아직도 풀리지 않은 수수께끼다. 어떤 이들은 수사자들이 덩치 큰 얼룩말이나 물소를 사냥하다가 턱을 다쳐 비교적 손쉬운 사냥감인 사람을 선택했다고 주장한다. 다른 이들은 수사자들이 철도 공사장 인근에서 우연히 인육人肉을 맛보고 그 맛에 빠져 식인食人을 전문으로 하게 되었다고 본다.

케냐의 일부 전문가들은 우역牛疫을 원인으로 지목한다. 고스트와 다크니스가 활동한 19세기 말 차보에서 우역이 창궐해 사자의 주식인 발굽 동물의 수가 줄었다. 생존을 위해 어쩔 수 없이 사람을 공격했다는 것이다. 우역은 치사율이 높은 바이러스성 전염병이다. 소는 물론이고 물소나 기린, 멧돼지 같은 동물도 감염된다. 우역이 원인이라면 고스트와 다크니스는 사람 사냥이 위험하다는 사실을 알면서도 당장의 배고픔을 해결하고자 식인에 나섰다고 할 수 있다.

식인 사자의 가죽과 두개골을 차지하라

고스트와 다크니스는 사람 사냥에 탐닉했다. 수사자들에게 희생된 사망자 수가 140명이 넘는다는 주장도 있다. 고스트와 다크니스의 주요 사냥터는 열강의 아프리카 수탈의 상징과도 같은 철도 공사 현장이었다. 1890년대 영국은 인도양에 접한 케냐와 내륙의 우간다를 연결하는 동아프리카철도를 건설하고 있었다.

21세기 대규모 공사 현장에서는 중장비를 최대한으로 투입해 공기工期를 단축한다. 공기가 짧아야 남는 돈이 많다. 130여 년 전 아프리카의 공사 현장은 달랐다. 대부분의 고된 일을 성인 남자의 근육으로 해결했다. 공사 인력 중에는 영국의 식민지인 인도에서 건너온 노동자가 많았다. 지금도 아프리카 곳곳에는 영국인을 따라 아프리카로 왔다가 그곳에 정착한 이들의 후손이 적지 않다. 공사장에서 하루 종일 일하면 몸이 극도로 피곤하게 마련이다. 일을 마치고 이불을 덮으면 이내 잠이 든다. 사자에게 깊이 잠든 노동자는 쉬운 사냥감이었을 것이다.

고스트와 다크니스는 절제를 몰랐다. 동물이 아무리 힘이 세도 사람을 건드리면 무사하지 못한다. 만용蠻勇이다. 맹수의 신상에도 좋지 않다. 사람들은 당하면 결코 참지 않는다. 자신이 당한 것보다 심하게 복수한다. 수많은 사람을 죽인 고스트와 다크니스도 1896년 12월 영국군 중령 존 헨리 패터

고스트와 다크니스는 케냐 차보에서 여성이나 어린아이가 아닌 신체가 건강한 성인 남성을 사냥했다. 미국 시카고필드뮤지엄에 전시된 차보의 식인 사자.

슨에게 죽임을 당한다. 사람을 건드렸으니 사람에게 당한 것이다.

패터슨 중령의 앞선 근무지는 인도였다. 그가 케냐로 온 이유는 사자를 사냥하기 위해서였다. 철도 공사 공기가 식인 사자 때문에 수개월 넘게 늦어지고 있었다. 겁을 먹은 노동자들이 근무지를 이탈했기 때문이다. 사냥꾼과 낚시꾼은 공통점이 있다. 과시욕이 그것이다. 실력과 담력을 자랑하려면 사냥한 동물이 크거나 용맹해야 한다.

유럽까지 악명이 퍼진 고스트와 다크니스를 사냥한 영국

인도 과시욕이 있었다. 패터슨 중령은 사자 사냥 과정을 기록한 『차보의 식인 사자들The Man Eaters Of Tsavo』이라는 책을 출판해 명성과 부를 얻었다. 그리고 식인 사자들의 가죽과 두개골을 미국의 한 박물관에 팔아 당시로는 거금인 5,000달러를 벌었다.

패터슨 중령이 박물관에 판매한 사자의 가죽과 두개골을 두고 미국과 케냐가 소유권 다툼을 벌이고 있다. 2007년 9월 케냐국립박물관 대변인은 고스트와 다크니스의 가죽과 두개골을 케냐로 반환하라고 미국의 박물관에 요구했다. 논지는 간결했다. 차보의 식인 사자들은 케냐의 유산이므로 원래 있던 곳으로 되돌아와야 한다는 것이다.

역사적인 상징물과 관련해 소유권이 걸린 문제는 다툼이 쉽게 해결되지 않는다. 차보의 식인 사자들은 아직도 영국군 중령에게서 그 가죽과 두개골을 구입한 박물관에 있다. 관람객들은 죽어서도 여전히 위풍당당한 수사자들을 보면서 무시무시한 사건을 떠올린다.

몇 년 전 미국 시카고필드뮤지엄을 찾았다. 한국에는 시카고자연사박물관으로 알려진 곳이다. 수많은 동물 박제가 전시되어 있었으나, 사자 2마리밖에 눈에 들어오지 않았다. 예상과 달리 겉모습만 보면 영락없는 암사자다.

영화 속 주인공들처럼 멋진 검은 갈기가 없다. 혹서酷暑 지역에 사는 수사자는 종종 갈기가 없는 경우도 있다고 한다. 이 갈기 없는 수사자들이 패터슨 중령이 사냥한 차보의 식인 사자다. 지금도 고스트와 다크니스는 박물관을 지키면서 관람객을 모으고 있다.

동물
인문학

© 이강원, 2021

초판 1쇄 2021년 5월 28일 찍음
초판 1쇄 2021년 6월 4일 펴냄

지은이 | 이강원
펴낸이 | 강준우
기획·편집 | 박상문, 고여림
디자인 | 최진영
마케팅 | 이태준
관리 | 최수향
인쇄·제본 | ㈜삼신문화

펴낸곳 | 인물과사상사
출판등록 | 제17-204호 1998년 3월 11일

주소 | (04037) 서울시 마포구 양화로7길 6-16 서교제일빌딩 3층
전화 | 02-325-6364
팩스 | 02-474-1413

www.inmul.co.kr | insa@inmul.co.kr

ISBN 978-89-5906-606-3   03300

값 17,500원